法律法规大字实用版系列

# 工伤保险条例
# 工伤认定办法

·大字实用版·

法律出版社法规中心 编

法律出版社
LAW PRESS·CHINA
北京

图书在版编目(CIP)数据

工伤保险条例 工伤认定办法：大字实用版／法律出版社法规中心编. -- 北京：法律出版社，2023
（法律法规大字实用版系列）
ISBN 978－7－5197－7844－6

Ⅰ. ①工… Ⅱ. ①法… Ⅲ. ①工伤保险－条例－中国 ②工伤事故－认定－法规－中国 Ⅳ. ①D922.5

中国国家版本馆 CIP 数据核字（2023）第 069875 号

工伤保险条例·工伤认定办法（大字实用版）
GONGSHANG BAOXIAN TIAOLI·
GONGSHANG RENDING BANFA
(DAZI SHIYONGBAN)

法律出版社法规中心 编

责任编辑 冯高琼
装帧设计 汪奇峰

| | |
|---|---|
| 出版发行 法律出版社 | 开本 A5 |
| 编辑统筹 法规出版分社 | 印张 4.75　字数 117 千 |
| 责任校对 张红蕊 | 版本 2023 年 8 月第 1 版 |
| 责任印制 耿润瑜 | 印次 2023 年 8 月第 1 次印刷 |
| 经　　销 新华书店 | 印刷 永清县金鑫印刷有限公司 |

地址：北京市丰台区莲花池西里 7 号（100073）
网址：www.lawpress.com.cn　　　　销售电话：010－83938349
投稿邮箱：info@lawpress.com.cn　　客服电话：010－83938350
举报盗版邮箱：jbwq@lawpress.com.cn　咨询电话：010－63939796
版权所有·侵权必究

书号：ISBN 978－7－5197－7844－6　　　　定价：20.00 元
凡购买本社图书，如有印装错误，我社负责退换。电话：010－83938349

# 编辑出版说明

"法者,天下之准绳也。"在法治社会,人们与其生活的社会发生的所有关系,莫不以法律为纽带和桥梁。人与人之间即是各种法律关系的总和。为帮助广大读者学法、知法、守法、用法,我们组织专业力量精心编写了"法律法规大字实用版系列"丛书。本丛书具有以下特点:

**1. 专业。**出版机构专业:成立于1954年的法律出版社,是全国首家法律专业出版机构,有专业的法律编辑队伍和标准的法律文本资源。内容专业:书中的名词解释、实用问答理据权威、精准专业;典型案例均来自最高人民法院、最高人民检察院发布的指导案例、典型案例以及地方法院发布的经典案例,在实践中起到指引法官"同案同判"的作用,具有很强的参考性。

**2. 全面。**全书以主体法为编写主线,在法条下辅之以条文主旨、名词解释、实用问答、典型案例,囊括了该条的标准理论阐释和疑难实务问题,帮助读者全面构建该条的立体化知识体系。

**3. 实用。**实用问答模块以一问一答的方式解答实务中的疑难问题,读者可按图索骥获取解决实务问题的答案;典型案例模块精选与条文密切相关的经典案例,在书中呈现裁判要旨,读者可按需扫描案例二维码获取案例全文。

**4. 易读**。采用大字排版、双色印刷，易读不累，清晰疏朗，提升了阅读体验感；波浪线标注条文重点，帮助读者精准捕捉条文要义。

书中可能尚存讹误，不当之处，尚祈读者批评指正。

法律出版社法规中心

2023 年 7 月

# 目　录

## 工伤保险条例

**第一章　总则** ………………………………………… 002
　第一条　《工伤保险条例》的立法目的 ………… 002
　第二条　《工伤保险条例》的适用范围 ………… 002
　第三条　保险费征缴的法律适用 ………………… 005
　第四条　用人单位基本义务 ……………………… 006
　第五条　工作管理与承办 ………………………… 008
　第六条　意见征求 ………………………………… 008
**第二章　工伤保险基金** ……………………………… 010
　第七条　基金构成 ………………………………… 010
　第八条　费率的确定 ……………………………… 011
　第九条　费率的调整 ……………………………… 011
　第十条　保险费的缴纳 …………………………… 011
　第十一条　基金的统筹 …………………………… 014
　第十二条　基金的提取和使用 …………………… 015
　第十三条　储备金 ………………………………… 018

## 第三章　工伤认定

　　第十四条　应当认定为工伤的情形 ………………… 019
　　第十五条　视同工伤的情形与待遇 ………………… 024
　　第十六条　不得认定为工伤的情形 ………………… 026
　　第十七条　工伤认定的申请 ………………………… 028
　　第十八条　工伤认定申请材料 ……………………… 031
　　第十九条　对工伤事故的调查核实 ………………… 032
　　第二十条　工伤认定决定的作出 …………………… 034

## 第四章　劳动能力鉴定

　　第二十一条　进行鉴定的条件 ……………………… 036
　　第二十二条　鉴定的等级和标准 …………………… 036
　　第二十三条　鉴定的申请 …………………………… 037
　　第二十四条　鉴定委员会的组成 …………………… 037
　　第二十五条　鉴定结论的作出 ……………………… 039
　　第二十六条　再次鉴定 ……………………………… 040
　　第二十七条　鉴定工作原则 ………………………… 040
　　第二十八条　复查鉴定 ……………………………… 041
　　第二十九条　再次鉴定与复查鉴定的期限 ………… 041

## 第五章　工伤保险待遇

　　第三十条　工伤医疗待遇 …………………………… 042
　　第三十一条　复议与诉讼不停止支付医疗费用 …… 045
　　第三十二条　辅助器具的配置 ……………………… 045
　　第三十三条　停工留薪期待遇 ……………………… 047
　　第三十四条　伤残职工的生活护理费 ……………… 048
　　第三十五条　一至四级伤残待遇 …………………… 049
　　第三十六条　五至六级伤残待遇 …………………… 050

第三十七条　七至十级伤残待遇 ·················· 051
　第三十八条　工伤复发的待遇 ···················· 052
　第三十九条　因工死亡待遇 ······················ 053
　第四十条　待遇的调整 ·························· 054
　第四十一条　因工下落不明的待遇 ················ 054
　第四十二条　停止享受待遇情形 ·················· 054
　第四十三条　用人单位变故与职工借调的工伤保险责任 ······ 055
　第四十四条　出境工作的工伤保险处理 ············ 056
　第四十五条　再次工伤的待遇 ···················· 056
第六章　监督管理 ·············································· 058
　第四十六条　经办机构的职责 ···················· 058
　第四十七条　服务协议 ·························· 059
　第四十八条　费用核查结算 ······················ 059
　第四十九条　公示与建议 ························ 060
　第五十条　听取意见 ···························· 060
　第五十一条　行政监督 ·························· 060
　第五十二条　群众监督 ·························· 061
　第五十三条　工会监督 ·························· 062
　第五十四条　争议处理 ·························· 062
　第五十五条　行政复议与行政诉讼 ················ 063
第七章　法律责任 ·············································· 064
　第五十六条　挪用工伤保险基金的责任 ············ 064
　第五十七条　社会保险行政部门工作人员的责任 ···· 065
　第五十八条　经办机构的责任 ···················· 066
　第五十九条　不正当履行服务协议的责任 ·········· 066
　第六十条　骗取工伤保险待遇的责任 ·············· 066

第六十一条　劳动能力鉴定违法的责任 …………… 067

第六十二条　用人单位应参加而未参加工伤保险的责任 …… 068

第六十三条　用人单位不协助事故调查核实的责任 ……… 070

第八章　附则 ……………………………………………… 071

第六十四条　术语解释 …………………………… 071

第六十五条　公务员和参公事业单位、社会团体的工伤保险 ……………………………………… 072

第六十六条　非法用工单位的一次性赔偿 …………… 072

第六十七条　施行时间与溯及力 …………………… 074

# 工伤认定办法

第一条　《工伤认定办法》的立法目的和立法依据 ……… 076

第二条　《工伤认定办法》的适用范围 ………………… 076

第三条　工伤认定的原则 …………………………… 076

第四条　单位提出工伤认定申请 …………………… 076

第五条　受伤害职工或者其近亲属、工会组织提出工伤认定申请 ……………………………………… 076

第六条　提出工伤认定申请应提交的材料 …………… 077

第七条　社会保险行政部门受理的条件 ……………… 078

第八条　社会保险行政部门作出受理或者不予受理的决定 …… 078

第九条　社会保险行政部门对申请人提供的证据进行调查核实 ……………………………………… 079

第十条　调查核实应由两名以上工作人员共同进行 …… 080

第十一条　社会保险行政部门工作人员的调查核实工作 …… 080

| 第十二条 | 有关单位和个人应当予以协助、配合调查核实 …… | 081 |
| 第十三条 | 职业病诊断证明书或者职业病诊断鉴定书 …… | 081 |
| 第十四条 | 委托其他统筹地区的社会保险行政部门或者相关部门进行调查核实 …………………………… | 082 |
| 第十五条 | 社会保险行政部门工作人员进行调查核实应当履行的义务 …………………………………… | 082 |
| 第十六条 | 回避 ………………………………………………… | 082 |
| 第十七条 | 举证责任 …………………………………………… | 083 |
| 第十八条 | 社会保险行政部门作出工伤认定的时限 ……… | 083 |
| 第十九条 | 《认定工伤决定书》应列明的事项 …………… | 084 |
| 第二十条 | 工伤认定时限的中止 ……………………………… | 085 |
| 第二十一条 | 工伤认定简易程序 ……………………………… | 085 |
| 第二十二条 | 工伤认定决定的送达 …………………………… | 086 |
| 第二十三条 | 工伤认定行政争议处理 ………………………… | 087 |
| 第二十四条 | 工伤认定的有关资料保存期限 ………………… | 088 |
| 第二十五条 | 用人单位拒不协助社会保险行政部门对事故伤害进行调查核实的法律责任 ……………… | 088 |
| 第二十六条 | 工伤认定文书样式统一制定 …………………… | 089 |
| 第二十七条 | 施行日期 ………………………………………… | 089 |

## 附录

中华人民共和国社会保险法（节录）（2018.12.29 修正）…… 090
中华人民共和国劳动争议调解仲裁法（2007.12.29）……… 103
社会保险费征缴暂行条例（2019.3.24 修订）……………… 114
工伤职工劳动能力鉴定管理办法（2018.12.14 修订）…… 120

社会保险基金先行支付暂行办法（2018.12.14 修订） ………… 126
非法用工单位伤亡人员一次性赔偿办法（2010.12.31） ……… 131
社会保险行政争议处理办法（2001.5.27） ………………… 133

# 工伤保险条例

- 2003年4月27日国务院令第375号公布

- 根据2010年12月20日国务院令第586号《关于修改〈工伤保险条例〉的决定》修订

# 第一章 总 则

◆ **第一条** 《工伤保险条例》的立法目的[①]

为了保障因工作遭受事故伤害或者患职业病的职工获得医疗救治和经济补偿，促进工伤预防和职业康复，分散用人单位的工伤风险，制定本条例。

**名词解释**

职业病，是指企业、事业单位和个体经济组织等用人单位的劳动者在职业活动中，因接触粉尘、放射性物质和其他有毒、有害因素而引起的疾病。

◆ **第二条** 《工伤保险条例》的适用范围

中华人民共和国境内的企业、事业单位、社会团体、民办非企业单位、基金会、律师事务所、会计师事务所等组织和有雇工的个体工商户（以下称用人单位）应当依照本条例规定参加工伤保险，为本单位全部职工或者雇工（以下称职工）缴纳工伤保险费。

中华人民共和国境内的企业、事业单位、社会团体、民办非

---

① 条文主旨为编者所加，下同。

企业单位、基金会、律师事务所、会计师事务所等组织的<u>职工和个体工商户的雇工</u>，均有依照本条例的规定<u>享受工伤保险待遇</u>的权利。

### 📝 名词解释

社会团体，是指在民政部门登记为社会团体，由中国公民自愿组成，为了实现会员共同意愿，按照章程开展活动的非营利性社会组织。社会团体的名称类别主要有协会、学会、联合会、研究会、基金会、联谊会、促进会、商会等。

民办非企业单位，是指在民政部门登记为民办非企业单位，由企业事业单位、社会团体和其他社会力量以及公民个人利用非国有资产举办的，从事非营利性社会服务活动的社会组织。目前，民办非企业单位主要分布在教育、科研、文化、卫生、体育、新闻出版、交通、信息咨询、知识产权、法律服务、社会福利事业、经济监督等领域。其中，民办教育事业主要是指民办幼儿园、小学、中学、学校、学院等；民办卫生事业主要是指民办门诊部（所）、医院，民办康复、保健、卫生、疗养院（所）等；民办文化事业主要是指民办图书馆、博物馆、艺术馆、书画院、演出团体等。

基金会，是指利用自然人、法人或者其他组织捐赠的财产，以从事公益事业为目的的非营利性法人。基金会分为面向公众募捐的基金会和不得面向公众募捐的基金会。

个体工商户，是指从事工商业经营，且经依法登记的自然人。

### 实用问答

**1. 企业没有参加工伤保险，职工因工作受伤可以认定为工伤吗？能享受工伤保险待遇吗？**

答：上述情形中的职工，应当认定为工伤，且能够享受工伤保险待遇。法律依据为：本条第 2 款规定，"中华人民共和国境内的企业、事业单位、社会团体、民办非企业单位、基金会、律师事务所、会计师事务所等组织的职工和个体工商户的雇工，均有依照本条例的规定享受工伤保险待遇的权利"。本条例第 62 条第 2 款规定，"依照本条例规定应当参加工伤保险而未参加工伤保险的用人单位职工发生工伤的，由该用人单位按照本条例规定的工伤保险待遇项目和标准支付费用"。

**2. 达到或超过法定退休年龄，但未办理退休手续或者未依法享受城镇职工基本养老保险待遇，继续在原用人单位工作期间受到事故伤害或患职业病的，用人单位是否应承担工伤保险责任？**

答：根据人力资源和社会保障部《关于执行〈工伤保险条例〉若干问题的意见（二）》第 2 条的规定，达到或超过法定退休年龄，但未办理退休手续或者未依法享受城镇职工基本养老保险待遇，继续在原用人单位工作期间受到事故伤害或患职业病的，用人单位依法承担工伤保险责任。用人单位招用已经达到、超过法定退休年龄或已经领取城镇职工基本养老保险待遇的人员，在用工期间因工作原因受到事故伤害或患职业病的，如招用单位已按项目参保等方式为其缴纳工伤保险费的，应适用《工伤保险条例》。

**3. 用人单位注册地与生产经营地不在同一统筹地区的，应在哪里参加工伤保险？**

答：根据人力资源和社会保障部《关于执行〈工伤保险条例〉

若干问题的意见（二）》第 7 条第 1 款的规定，用人单位注册地与生产经营地不在同一统筹地区的，原则上应在注册地为职工参加工伤保险；未在注册地参加工伤保险的职工，可由用人单位在生产经营地为其参加工伤保险。

**4. 劳务派遣单位跨地区派遣劳动者，应如何参加工伤保险？**

**答：**根据人力资源和社会保障部《关于执行〈工伤保险条例〉若干问题的意见（二）》第 7 条第 2 款的规定，劳务派遣单位跨地区派遣劳动者，应根据《劳务派遣暂行规定》参加工伤保险。另外，建筑施工企业按项目参保的，应在施工项目所在地参加工伤保险。

◆ **第三条　保险费征缴的法律适用**

工伤保险费的征缴按照《社会保险费征缴暂行条例》关于基本养老保险费、基本医疗保险费、失业保险费的征缴规定执行。

### 实用问答

**1. 职工个人需要交工伤保险费吗？**

**答：**根据《社会保险法》第 33 条的规定，职工应当参加工伤保险，由用人单位缴纳工伤保险费，职工不缴纳工伤保险费。所以，职工个人不需要交工伤保险费。

**2.《社会保险费征缴暂行条例》与《社会保险法》的规定不一致时，应按照哪个规定施行？**

**答：**2010 年 10 月 28 日《社会保险法》公布，自 2011 年 7 月 1 日起施行，2018 年 12 月 29 日修正。根据《立法法》的规定，征收工伤保险费时，应当首先依照《社会保险法》的有关规定执行；《社会保险费征缴暂行条例》与《社会保险法》的有关规定不一致的，依照《社会保险法》执行。

**3. 职工在两个或两个以上用人单位同时就业的，应怎样缴纳工伤保险？**

答：根据原劳动和社会保障部《关于实施〈工伤保险条例〉若干问题的意见》第1条的规定，职工在两个或两个以上用人单位同时就业的，各用人单位应当分别为职工缴纳工伤保险费。职工发生工伤，由职工受到伤害时其工作的单位依法承担工伤保险责任。

◆ **第四条　用人单位基本义务**

用人单位应当将参加工伤保险的有关情况在本单位内公示。

用人单位和职工应当遵守有关安全生产和职业病防治的法律法规，执行安全卫生规程和标准，预防工伤事故发生，避免和减少职业病危害。

职工发生工伤时，用人单位应当采取措施使工伤职工得到及时救治。

### 实用问答

**1. 用人单位有义务告知职工工作岗位的职业危害吗？**

答：根据《劳动合同法》第8条的规定，用人单位招用职工时，应当如实告知职工工作内容、工作条件、工作地点、职业危害、安全生产状况、劳动报酬，以及职工要求了解的其他情况。根据《职业病防治法》第33条的规定，用人单位与职工订立劳动合同（含聘用合同）时，应当将工作过程中可能产生的职业病危害及其后果、职业病防护措施和待遇等如实告知职工，并在劳动合同中写明，不得隐瞒或者欺骗。职工在已订立劳动合同期间因工作岗位或者工作内容变更，从事与所订立劳动合同中未告知的存在职业病危害的作业时，用人单位应当依照前述规定，向职工履行如实告知的义务，并协商变更原劳动合同相关条款。用人单位违反上述规定的，职工有权拒绝从事存在职业病危害的作业，用人单位不得因此解除与职工所订立的劳动合同。

因此，用人单位有义务告知职工工作岗位的职业危害。

**2. 产生职业病危害的用人单位的设立除应当符合法律、行政法规规定的设立条件外，其工作场所还应当符合哪些职业卫生要求？**

答：根据《职业病防治法》第15条的规定，产生职业病危害的用人单位的设立除应当符合法律、行政法规规定的设立条件外，其工作场所还应当符合下列职业卫生要求：（1）职业病危害因素的强度或者浓度符合国家职业卫生标准；（2）有与职业病危害防护相适应的设施；（3）生产布局合理，符合有害与无害作业分开的原则；（4）有配套的更衣间、洗浴间、孕妇休息间等卫生设施；（5）设备、工具、用具等设施符合保护劳动者生理、心理健康的要求；（6）法律、行政法规和国务院卫生行政部门关于保护劳动者健康的其他要求。

**3. 在劳动过程中，用人单位应当采取哪些职业病防治管理措施？**

答：根据《职业病防治法》第20条的规定，用人单位应当采取下列职业病防治管理措施：（1）设置或者指定职业卫生管理机构或者组织，配备专职或者兼职的职业卫生管理人员，负责本单位的职业病防治工作；（2）制定职业病防治计划和实施方案；（3）建立、健全职业卫生管理制度和操作规程；（4）建立、健全职业卫生档案和劳动者健康监护档案；（5）建立、健全工作场所职业病危害因素监测及评价制度；（6）建立、健全职业病危害事故应急救援预案。

### ◆ 第五条　工作管理与承办

国务院社会保险行政部门负责全国的工伤保险工作。

县级以上地方各级人民政府社会保险行政部门负责本行政区域内的工伤保险工作。

社会保险行政部门按照国务院有关规定设立的社会保险经办机构（以下称经办机构）具体承办工伤保险事务。

### ◆ 第六条　意见征求

社会保险行政部门等部门制定工伤保险的政策、标准，应当征求工会组织、用人单位代表的意见。

#### 名词解释

工会，是中国共产党领导的职工自愿结合的工人阶级群众组织，是中国共产党联系职工群众的桥梁和纽带。中华全国总工会及其各工会组织代表职工的利益，依法维护职工的合法权益。

#### 实用问答

**社会保险行政部门在制定哪些政策时，应听取工会组织和用人单位代表的意见？**

**答：**根据相关规定，社会保险行政部门在制定以下政策时，应听取工会组织和用人单位代表的意见：（1）行业差别费率及行业内费率档次的确定与调整；（2）部分地区的工伤保险基金的统筹层次；（3）部分行业异地参保的办法；（4）储备金的比例和使用办法；（5）通过制定法律、行政法规确定为工伤的其他情形；（6）劳动能力鉴定标准;(7)工伤保险诊疗项目目录、工伤保险药品目录、工伤保险住院服务标准;(8)辅助器具配置标准;(9)一次性工伤医疗补助金和伤残就业补助金标准;(10)因工死亡职工供养亲属的范围;(11)一次性工亡补助金的标准;(12)伤残津贴、供养亲属抚恤金、生活护理费的调整;(13)服务协议的管理办法;(14)国家机关、事业单位、社会团体、民办非企业单位工作人员的工伤办法;(15)部分单位的工伤一次性赔偿办法,等等。

## 第二章 工伤保险基金

◆ **第七条 基金构成**

工伤保险基金由用人单位缴纳的工伤保险费、工伤保险基金的利息和依法纳入工伤保险基金的其他资金构成。

### 实用问答

**工伤保险基金具有哪些特点？**

答：工伤保险基金具有以下特点：

（1）强制性。工伤保险费是国家以法律或者行政法规规定的形式，向用人单位征收的一种社会保险费。具有缴费义务的单位必须按照法律的规定履行缴费义务，否则用人单位要承担相应的法律责任。

（2）共济性。用人单位按规定缴纳工伤保险费后，不管该单位是否发生工伤，发生几次工伤，发生多大程度的工伤，都由基金依法支付相应的工伤保险待遇。社会保险经办机构不应因单位发生的工伤多、支付的基金数额大，而要求该单位追加缴纳工伤保险费，只能在确定用人单位下一轮费率时适当考虑其工伤保险基金支付情况。

（3）专用性。工伤保险基金在使用上，实行专款专用，任何人不得挪用。

◆ **第八条　费率的确定**

　　工伤保险费根据以支定收、收支平衡的原则，确定费率。

　　国家根据不同行业的工伤风险程度确定行业的差别费率，并根据工伤保险费使用、工伤发生率等情况在每个行业内确定若干费率档次。行业差别费率及行业内费率档次由国务院社会保险行政部门制定，报国务院批准后公布施行。

　　统筹地区经办机构根据用人单位工伤保险费使用、工伤发生率等情况，适用所属行业内相应的费率档次确定单位缴费费率。

◆ **第九条　费率的调整**

　　国务院社会保险行政部门应当定期了解全国各统筹地区工伤保险基金收支情况，及时提出调整行业差别费率及行业内费率档次的方案，报国务院批准后公布施行。

◆ **第十条　保险费的缴纳**

　　用人单位应当按时缴纳工伤保险费。职工个人不缴纳工伤保险费。

　　用人单位缴纳工伤保险费的数额为本单位职工工资总额乘以单位缴费费率之积。

　　对难以按照工资总额缴纳工伤保险费的行业，其缴纳工伤保险费的具体方式，由国务院社会保险行政部门规定。

### 名词解释

　　**工资总额**，是指各单位在一定时期内直接支付给本单位全部职工的劳动报酬总额。工资总额的计算应以直接支付给职工的全部劳动报酬为根据。

**1. 工资总额由哪些部分组成？**

答：根据《国家统计局关于工资总额组成的规定》第 4~10 条的规定，工资总额由 6 个部分组成，具体如下：

（1）计时工资。计时工资，是指按计时工资标准（包括地区生活费补贴）和工作时间支付给个人的劳动报酬。包括：对已做工作按计时工资标准支付的工资，实行结构工资制的单位支付给职工的基础工资和职务（岗位）工资，新参加工作职工的见习工资（学徒的生活费），运动员体育津贴。

（2）计件工资。计件工资，是指对已做工作按计件单价支付的劳动报酬。包括：实行超额累进计件、直接无限计件、限额计件、超定额计件等工资制，按劳动部门或主管部门批准的定额和计件单价支付给个人的工资，按工作任务包干方法支付给个人的工资，按营业额提成或利润提成办法支付给个人的工资。

（3）奖金。奖金，是指支付给职工的超额劳动报酬和增收节支的劳动报酬。包括：生产奖，节约奖，劳动竞赛奖，机关、事业单位的奖励工资，其他奖金。

（4）津贴和补贴。津贴和补贴，是指为了补偿职工特殊或额外的劳动消耗和因其他特殊原因支付给职工的津贴，以及为了保证职工工资水平不受物价影响支付给职工的物价补贴。津贴包括：补偿职工特殊或额外劳动消耗的津贴，保健性津贴，技术性津贴，年功性津贴及其他津贴。物价补贴包括：为保证职工工资水平不受物价上涨或变动影响而支付的各种补贴。

（5）加班加点工资。加班加点工资，是指按规定支付的加班工资和加点工资。

（6）特殊情况下支付的工资。特殊情况下支付的工资包括：根据国家法律、法规和政策规定，因病、工伤、产假、计划生育假、婚丧假、事假、探亲假、定期休假、停工学习、执行国家或社会义务等原因按计时工资标准或计时工资标准的一定比例支付的工资；附加工资、保留工资。

**2. 工资总额不包括的项目有哪些？**

**答**：根据《国家统计局关于工资总额组成的规定》第11条的规定，不列入工资总额范围的项目有14项，具体如下：

（1）根据国务院发布的有关规定颁发的发明创造奖、自然科学奖、科学技术进步奖和支付的合理化建议和技术改进奖以及支付给运动员、教练员的奖金；

（2）有关劳动保险和职工福利方面的各项费用；

（3）有关离休、退休、退职人员待遇的各项支出；

（4）劳动保护的各项支出；

（5）稿费、讲课费及其他专门工作报酬；

（6）出差伙食补助费、误餐补助、调动工作的旅费和安家费；

（7）对自带工具、牲畜来企业工作职工所支付的工具、牲畜等的补偿费用；

（8）实行租赁经营单位的承租人的风险性补偿收入；

（9）对购买本企业股票和债券的职工所支付的股息（包括股金分红）和利息；

（10）劳动合同制职工解除劳动合同时由企业支付的医疗补助费、生活补助费等；

（11）因录用临时工而在工资以外向提供劳动力单位支付的手续费或管理费；

（12）支付给家庭工人的加工费和按加工订货办法支付给承包单

位的发包费用；

（13）支付给参加企业劳动的在校学生的补贴；

（14）计划生育独生子女补贴。

**3. 本条第 3 款"对难以按照工资总额缴纳工伤保险费的行业，其缴纳工伤保险费的具体方式，由国务院社会保险行政部门规定"的具体规定是什么？**

**答：**《部分行业企业工伤保险费缴纳办法》是根据《工伤保险条例》第 10 条第 3 款的授权而制定。根据该办法规定：（1）建筑施工企业可以实行以建筑施工项目为单位，按照项目工程总造价的一定比例，计算缴纳工伤保险费。（2）商贸、餐饮、住宿、美容美发、洗浴以及文体娱乐等小型服务业企业以及有雇工的个体工商户，可以按照营业面积的大小核定应参保人数，按照所在统筹地区上一年度职工月平均工资的一定比例和相应的费率，计算缴纳工伤保险费；也可以按照营业额的一定比例计算缴纳工伤保险费。（3）小型矿山企业可以按照总产量、吨矿工资含量和相应的费率计算缴纳工伤保险费。

另外，《部分行业企业工伤保险费缴纳办法》第 6 条规定，"本办法中所列部分行业企业工伤保险费缴纳的具体计算办法，由省级社会保险行政部门根据本地区实际情况确定"。

◆ **第十一条　基金的统筹**

工伤保险基金逐步实行省级统筹。

跨地区、生产流动性较大的行业，可以采取相对集中的方式异地参加统筹地区的工伤保险。具体办法由国务院社会保险行政部门会同有关行业的主管部门制定。

◆ **第十二条 基金的提取和使用**

工伤保险基金存入社会保障基金财政专户，用于本条例规定的工伤保险待遇，劳动能力鉴定，工伤预防的宣传、培训等费用，以及法律、法规规定的用于工伤保险的其他费用的支付。

工伤预防费用的提取比例、使用和管理的具体办法，由国务院社会保险行政部门会同国务院财政、卫生行政、安全生产监督管理等部门规定。

任何单位或者个人不得将工伤保险基金用于投资运营、兴建或者改建办公场所、发放奖金，或者挪作其他用途。

### 名词解释

**劳动能力鉴定**，是指劳动能力鉴定机构对劳动者在职业活动中因工负伤或患职业病后，根据国家工伤保险法规规定，在评定伤残等级时通过医学检查对劳动功能障碍程度（伤残程度）和生活自理障碍程度做出的判定结论。劳动功能障碍分为十个伤残等级，最重的为一级，最轻的为十级。生活自理障碍分为三个等级：生活完全不能自理、生活大部分不能自理和生活部分不能自理。

**工伤预防费用**，是指统筹地区工伤保险基金中依法用于开展工伤预防工作的费用。

### 实用问答

**1. 工伤预防费用于哪些项目的支出？**

答：根据《工伤预防费使用管理暂行办法》第 4 条的规定，工伤预防费用于下列项目的支出：（1）工伤事故和职业病预防宣传；（2）工伤事故和职业病预防培训。

**2. 任何组织或者个人发现有工伤保险基金挪作其他用途的情况，应该怎么办？**

**答：**根据《社会保险基金监督举报工作管理办法》第 2 章的规定：(1) 参保单位、个人、中介机构涉嫌下列情形之一的，任何组织或者个人可以依照该办法举报：以提供虚假证明材料等手段虚构社会保险参保条件、违规补缴的；伪造、变造有关证件、档案、材料，骗取社会保险基金的；组织或者协助他人以伪造、变造档案、材料等手段骗取参保补缴、提前退休资格或者违规申领社会保险待遇的；个人丧失社会保险待遇享受资格后，本人或者相关受益人不按规定履行告知义务、隐瞒事实违规享受社会保险待遇的；其他欺诈骗取、套取或者挪用贪占社会保险基金的情形。(2) 社会保险服务机构及其工作人员涉嫌下列情形之一的，任何组织或者个人可以依照该办法举报：工伤保险协议医疗机构、工伤康复协议机构、工伤保险辅助器具配置协议机构、工伤预防项目实施单位、职业伤害保障委托承办机构及其工作人员以伪造、变造或者提供虚假证明材料及相关报销票据、冒名顶替等手段骗取或者协助、配合他人骗取社会保险基金的；享受失业保险培训补贴的培训机构及其工作人员以伪造、变造、提供虚假培训记录等手段骗取或者协助、配合他人骗取社会保险基金的；其他欺诈骗取、套取或者挪用贪占社会保险基金的情形。(3) 社会保险经办机构及其工作人员涉嫌下列情形之一的，任何组织或者个人可以依照该办法举报：隐匿、转移、侵占、挪用、截留社会保险基金的；违规审核、审批社会保险申报材料，违规办理参保、补缴、关系转移、待遇核定、待遇资格认证等，违规发放社会保险待遇的；伪造或者篡改缴费记录、享受社会保险待遇记录等社会保险数据、个人权益记录的；其他欺诈骗取、套取或者挪用贪占社会保险基金的情形。(4) 与社会保险基金收支、管理直接相关单位及其工作人员涉嫌下列情形之一的，任何组织或者个人可以依照该办法举报：人力资源社会保障行政部门及其工作人员违规出具行政执法文书、违规进行工伤认定、违规办理提前退休，侵害社会保险基金的；劳动能力鉴定委员会及其工作人员违规进行劳动能力鉴定，侵害社会保险基金的；劳动人事争议仲裁机构及其工作人员违规出具仲裁文书，侵害社会保险基金的；信息化综合管理机构及其工作人员伪造或者篡改缴费记录、享受社会保险待遇记录等社会保险数据、个人权益记录的；其他欺诈骗取、套取或者挪用贪占社会保险基金的情形。

所以，任何组织或者个人发现有工伤保险基金挪作其他用途的情况，应当依法向人力资源社会保障行政部门举报。

**3. 参加基本医疗保险的职工由于第三人的侵权行为造成伤病的，其医疗费用应当由谁承担？**

**答：**根据《社会保险基金先行支付暂行办法》第2~3条的规定，参加基本医疗保险的职工由于第三人的侵权行为造成伤病的，其医疗费用应当由第三人按照确定的责任大小依法承担。超过第三人责任部分的医疗费用，由基本医疗保险基金按照国家规定支付。上述规定中应当由第三人支付的医疗费用，第三人不支付或者无法确定第三人的，在医疗费用结算时，职工可以向参保地社会保险经办机构书面申请基本医疗保险基金先行支付，并告知造成其伤病的原因和第三人不支付医疗费用或者无法确定第三人的情况。社会保险经办机构接到职工因上述原因提出的申请后，经审核确定其参加基本医疗保险的，应当按照统筹地区基本医疗保险基金支付的规定先行支付相应部分的医疗费用。

**4. 职工或者其近亲属可以向社会保险经办机构书面申请先行支付工伤保险待遇的情形有哪些?**

**答:** 根据《社会保险基金先行支付暂行办法》第 6 条第 2 款的规定,职工被认定为工伤后,有下列情形之一的,职工或者其近亲属可以持工伤认定决定书和有关材料向社会保险经办机构书面申请先行支付工伤保险待遇:(1)用人单位被依法吊销营业执照或者撤销登记、备案的;(2)用人单位拒绝支付全部或者部分费用的;(3)依法经仲裁、诉讼后仍不能获得工伤保险待遇,法院出具中止执行文书的;(4)职工认为用人单位不支付的其他情形。

◆ **第十三条　储备金**

工伤保险基金应当留有一定比例的储备金,用于统筹地区重大事故的工伤保险待遇支付;储备金不足支付的,由统筹地区的人民政府垫付。储备金占基金总额的具体比例和储备金的使用办法,由省、自治区、直辖市人民政府规定。

✎ 名词解释

工伤保险储备金,是指为了应对重大工伤事故,特别是重大群死、群伤事故,工伤保险基金出现收不抵支的困难而建立的一项应急资金。

## 第三章 工伤认定

◆ **第十四条 应当认定为工伤的情形**

职工有下列情形之一的，应当认定为工伤：

（一）在工作时间和工作场所内，因工作原因受到事故伤害的；

（二）工作时间前后在工作场所内，从事与工作有关的预备性或者收尾性工作受到事故伤害的；

（三）在工作时间和工作场所内，因履行工作职责受到暴力等意外伤害的；

（四）患职业病的；

（五）因工外出期间，由于工作原因受到伤害或者发生事故下落不明的；

（六）在上下班途中，受到非本人主要责任的交通事故或者城市轨道交通、客运轮渡、火车事故伤害的；

（七）法律、行政法规规定应当认定为工伤的其他情形。

### 名词解释

**工作时间**，是指法律规定或者单位要求职工工作的时间。例如，对于"朝九晚五"上班的公司职工而言，其工作时间就是从上午9点至下午5点。

**工作场所**，是指职工日常工作所在的场所，以及单位领导临时指派其所从事工作的场所。

**事故伤害**，是指职工在工作过程中发生的伤害人身安全和健康的事故，如矿井坍塌事故、施工电梯坠落事故等。

**预备性工作**，是指在工作开始前的一段合理时间内，从事与工作有关的准备工作，如生产工人领取生产工具、准备原材料、检查设备运行情况等。

**收尾性工作**，是指在工作结束后的一段合理时间内，从事与工作有关的收尾工作，如工人收拾工具、将产品送交库房、对设备进行保养等。

**意外伤害**，是指外来的、突发的事故对人的身体和健康造成的伤害；这种伤害与生产活动没有必然联系，不是由于职工的不当操作造成的。

**因工外出**，是指职工由于工作需要被指派到本单位以外的场所或者外地工作，如因公出差。

**下落不明**，是指自然人持续不间断地没有音信的状态。

## 实用问答

### 1. 哪些情形应认定为"因工外出期间"？

**答**：根据最高人民法院《关于审理工伤保险行政案件若干问题的规定》第5条第1款的规定，下列情形应认定为"因工外出期间"：（1）职工受用人单位指派或者因工作需要在工作场所以外从事与工作职责有关的活动期间；（2）职工受用人单位指派外出学习或者开会期间；（3）职工因工作需要的其他外出活动期间。

### 2. 哪些情形应认定为"上下班途中"？

**答**：根据最高人民法院《关于审理工伤保险行政案件若干问题的规定》第6条的规定，下列情形应认定为"上下班途中"：（1）在合理时间内往返于工作地与住所地、经常居住地、单位宿舍的合理路线的上下班途中；（2）在合理时间内往返于工作地与配偶、父母、子女居住地的合理路线的上下班途中；（3）从事属于日常工作生活所需要的活动，且在合理时间和合理路线的上下班途中；（4）在合理时间内其他合理路线的上下班途中。

**3. 职工在参加用人单位组织或者受用人单位指派参加其他单位组织的活动中受到事故伤害的，是否可以认定为"工作原因"？**

**答**：根据人力资源和社会保障部《关于执行〈工伤保险条例〉若干问题的意见（二）》第 4 条的规定，职工在参加用人单位组织或者受用人单位指派参加其他单位组织的活动中受到事故伤害的，应当视为工作原因，但参加与工作无关的活动除外。

典型案例

### 孙立兴诉天津新技术产业园区劳动人事局工伤认定案①

**要旨**：1.《工伤保险条例》第十四条第一项规定的"因工作原因"，是指职工受伤与其从事本职工作之间存在关联关系。

2.《工伤保险条例》第十四条第一项规定的"工作场所"，是指与职工工作职责相关的场所，有多个工作场所的，还包括工作时间内职工来往于多个工作场所之间的合理区域。

3. 职工在从事本职工作中存在过失，不属于《工伤保险条例》第十六条规定的故意犯罪、醉酒或者吸毒、自残或者自杀情形，不影响工伤的认定。

---

① 参见最高人民法院指导案例40号，2014年12月25日发布。

## 王长淮诉江苏省盱眙县劳动和社会保障局
## 工伤行政确认案①

**要旨：** 根据《工伤保险条例》第十四条第一项的规定，职工在工作时间和工作场所内、因工作原因受到事故伤害的，应当认定为工伤。这里的"工作场所"，是指职工从事工作的场所，如职工所在的车间，而不是指职工本人具体的工作岗位。职工"串岗"发生安全事故导致伤害的，只要是在工作时间和工作场所内、因工作原因而发生的，即符合上述工伤认定条件，"串岗"与否不影响其工伤认定。

## 上海欧帛服饰有限公司诉南京市江宁区
## 人力资源和社会保障局工伤认定决定案②

**要旨：** 按照《女职工劳动保护特别规定》，用人单位应在每日工作时间内为哺乳期女职工安排哺乳时间。哺乳期内女职工上班期间返家哺乳、哺乳结束后返回单位工作，往返途中属于《工伤保险条例》第十四条第六项的"上下班途中"，在此过程中因发生非本人主要责任的交通事故受伤，应认定为工伤。

---

① 参见《中华人民共和国最高人民法院公报》2011年第9期。
② 参见《中华人民共和国最高人民法院公报》2022年第12期。

### 王志国诉重庆市万州区人力资源和社会保障局工伤认定及重庆市人力资源和社会保障局行政复议案①

**要旨**：职工的家庭住所地与工作地相隔两城，法定节假日或约定休息日期间，职工为上下班在合理时间内跨越城际往返于两地的合理路线，应当认定为《工伤保险条例》第十四条第六项规定的"上下班途中"。

### 严某诉马鞍山市人力资源和社会保障局工伤认定案②

**要旨**：根据《工伤保险条例》第十四条第三项的规定，在工作时间和工作场所内，因履行工作职责受到暴力等意外伤害的，属于工伤。适用该项规定的前提是正当履行工作职责，且受到的暴力伤害与履行工作职责有因果关系。

### 刘某某诉兴化市人社局职业病工伤责任主体认定案③

**要旨**：对从事接触职业病危害作业的劳动者，用人单位应当为其创造符合国家职业卫生标准和要求的工作环境和条件，并对患职业病的劳动者承担工伤保险责任。职业病的形成往往具有连续性、缓慢性、潜伏性的

---

① 参见《中华人民共和国最高人民法院公报》2022年第5期。
② 参见安徽省马鞍山市花山区人民法院（2017）皖0503行初54号行政判决书。
③ 参见江苏省泰州市中级人民法院（2015）泰中行终字第00027号行政判决书。

特点，其发现往往具有滞后性。劳动者先后在不同劳动单位工作，所从事的工作均存在导致职业病隐患，在无法明确引发劳动者所患职业病的具体单位的情况下，前用人单位申请撤销劳动保障行政部门作出的以前单位为用工主体的工伤认定决定书，人民法院不予支持。

### 施某某诉南通市人社局不予认定工伤纠纷案①

**要旨**：根据《工伤保险条例》第五条、第十七条、第十九条的规定，社会保险行政部门负有工伤认定的行政职权以及对相关事实进行调查核实的职责。劳动者在上下班途中遭受交通事故损害，是否属于《工伤保险条例》第十四条第六项应当认定为工伤的情形，应由社会保险行政部门依法作出认定，公安交通管理部门出具的交通事故认定书只是社会保险行政部门履行工伤认定职责的重要依据之一，而不是前提条件。在道路交通事故一方逃逸，公安交通管理部门对交通事故责任未作出明确认定的情形下，社会保险行政部门应在调查核实的基础上，对交通事故是否属于非劳动者本人主要责任作出判断。社会保险行政部门以交通事故认定书对交通事故责任无法认定为由，不予认定工伤的，人民法院不予支持。

◆ **第十五条　视同工伤的情形与待遇**

职工有下列情形之一的，<u>视同工伤</u>：
（一）<u>在工作时间和工作岗位，突发疾病死亡或者在48小时之内经抢救无效死亡的</u>；

---

① 参见江苏省南通市港闸区人民法院（2013）港行初字第0070号行政判决书。

（二）在抢险救灾等维护国家利益、公共利益活动中受到伤害的；

（三）职工原在军队服役，因战、因公负伤致残，已取得革命伤残军人证，到用人单位后旧伤复发的。

职工有前款第（一）项、第（二）项情形的，按照本条例的有关规定享受工伤保险待遇；职工有前款第（三）项情形的，按照本条例的有关规定享受除一次性伤残补助金以外的工伤保险待遇。

### 名词解释

维护国家利益，是指为了减少或者避免国家利益遭受损失，职工挺身而出。

维护公共利益，是指为了减少或者避免公共利益遭受损失，职工挺身而出。

### 实用问答

**职工在工作时间和工作岗位，突发疾病死亡或者在 48 小时之内经抢救无效死亡的，用人单位向所在统筹地区社会保险行政部门报告的时限是多久？**

答：根据人力资源和社会保障部《关于执行〈工伤保险条例〉若干问题的意见》第 6 条的规定，符合《工伤保险条例》第 15 条第 1 项情形的，职工所在用人单位原则上应自职工死亡之日起 5 个工作日内向用人单位所在统筹地区社会保险行政部门报告。

> 典型案例

### 重庆市涪陵志大物业管理有限公司诉重庆市涪陵区人力资源和社会保障局劳动和社会保障行政确认案①

**要旨**：职工见义勇为，为制止违法犯罪行为而受到伤害的，属于《工伤保险条例》第十五条第一款第二项规定的为维护公共利益受到伤害的情形，应当视同工伤。

### 上海温和足部保健服务部诉上海市普陀区人力资源和社会保障局工伤认定案②

**要旨**：职工在工作时间和工作岗位上突发疾病，经抢救后医生虽然明确告知家属无法挽救生命，在救护车运送回家途中职工死亡的，仍应认定其未脱离治疗抢救状态。若职工自发病至死亡期间未超过48小时，应视为"48小时之内经抢救无效死亡"，视同工伤。

◆ **第十六条　不得认定为工伤的情形**

职工符合本条例第十四条、第十五条的规定，但是有下列情形之一的，<u>不得认定为工伤或者视同工伤</u>：

---

① 参见最高人民法院指导案例94号，2018年6月20日发布。
② 参见《中华人民共和国最高人民法院公报》2017年第4期。

（一）故意犯罪的；
（二）醉酒或者吸毒的；
（三）自残或者自杀的。

### 名词解释

**故意犯罪**，是指明知自己的行为会发生危害社会的结果，并且希望或者放任这种结果发生，因而构成犯罪的。

**醉酒**，是指职工饮用含有酒精的饮料，在酒精作用期间，意识改变，处于情绪不稳定、易焦躁或者沉默等状态。

**吸毒**，是指吸食鸦片、海洛因、甲基苯丙胺（冰毒）、吗啡、大麻、可卡因，以及国家规定管制的其他能够使人形成瘾癖的麻醉药品和精神药品的行为。

**自残**，是指通过各种手段和方法伤害自己的身体，并造成身体伤残的行为。

**自杀**，是指通过各种手段和方法结束自己生命的行为。

### 实用问答

**认定本条规定中的"故意犯罪""醉酒或者吸毒""自残或者自杀"的依据是什么？**

**答：**根据最高人民法院《关于审理工伤保险行政案件若干问题的规定》第1条的规定，人民法院审理工伤认定行政案件，在认定是否存在《工伤保险条例》第16条第2项"醉酒或者吸毒"和第16条第3项"自残或者自杀"等情形时，应当以有权机构出具的事故责任认定书、结论性意见和人民法院生效裁判等法律文书为依据，但有相反证据足以推翻事故责任认定书和结论性意见的除外。前述法律文书不存在或者内容不明确，社会保险行政部门就前述事实作出认定的，人民法院应当结合其提供的相关证据依法进行审查。《工伤保险条例》第16条第1项"故意犯罪"的认定，应当以刑事侦查机关、检察机关和审判机关的生效法律文书或者结论性意见为依据。

### ◆ 第十七条　工伤认定的申请

职工发生事故伤害或者按照职业病防治法规定被诊断、鉴定为职业病，所在单位应当自事故伤害发生之日或者被诊断、鉴定为职业病之日起30日内，向统筹地区社会保险行政部门提出工伤认定申请。遇有特殊情况，经报社会保险行政部门同意，申请时限可以适当延长。

用人单位未按前款规定提出工伤认定申请的，工伤职工或者其近亲属、工会组织在事故伤害发生之日或者被诊断、鉴定为职业病之日起1年内，可以直接向用人单位所在地统筹地区社会保险行政部门提出工伤认定申请。

按照本条第一款规定应当由省级社会保险行政部门进行工伤认定的事项，根据属地原则由用人单位所在地的设区的市级社会保险行政部门办理。

用人单位未在本条第一款规定的时限内提交工伤认定申请，在此期间发生符合本条例规定的工伤待遇等有关费用由该用人单位负担。

### 📎 名词解释

**近亲属**，是指配偶、父母、子女、兄弟姐妹、祖父母、外祖父母、孙子女、外孙子女。

### 实用问答

**1. 职业病诊断的法律依据和诊断参考因素有哪些？**

**答**：根据《职业病诊断与鉴定管理办法》第 20 条的规定，职业病诊断应当按照《职业病防治法》、《职业病诊断与鉴定管理办法》的有关规定及《职业病分类和目录》、国家职业病诊断标准，依据劳动者的职业史、职业病危害接触史和工作场所职业病危害因素情况、临床表现以及辅助检查结果等，进行综合分析。材料齐全的情况下，职业病诊断机构应当在收齐材料之日起 30 日内作出诊断结论。另外，没有证据否定职业病危害因素与病人临床表现之间的必然联系的，应当诊断为职业病。

**2. 职业病诊断需要的材料有哪些？**

**答**：根据《职业病诊断与鉴定管理办法》第 21 条的规定，职业病诊断需要以下资料：（1）劳动者职业史和职业病危害接触史（包括在岗时间、工种、岗位、接触的职业病危害因素名称等）；（2）劳动者职业健康检查结果；（3）工作场所职业病危害因素检测结果；（4）职业性放射性疾病诊断还需要个人剂量监测档案等资料。

**3. 曾经从事接触职业病危害作业、当时没有发现罹患职业病、离开工作岗位后被诊断或鉴定为职业病的，可以申请工伤认定以及享受相关待遇吗？**

**答**：根据人力资源和社会保障部《关于执行〈工伤保险条例〉若干问题的意见》第 8 条的规定，曾经从事接触职业病危害作业、当时没有发现罹患职业病、离开工作岗位后被诊断或鉴定为职业病的符合下列条件的人员，可以自诊断、鉴定为职业病之日起一年内申请工伤认定，社会保险行政部门应当受理：（1）办理退休手续后，未再从事接触职业病危害作业的退休人员；（2）劳动或聘用合同期满后或者本人提出而解除劳动或聘用合同后，未再从事接触职业病危害作业的人员。

经工伤认定和劳动能力鉴定，上述"办理退休手续后，未再从事接触职业病危害作业的退休人员"符合领取一次性伤残补助金条件的，按就高原则以本人退休前 12 个月平均月缴费工资或者确诊职业病前 12 个月的月平均养老金为基数计发。上述"劳动或聘用合同期满后或者本人提出而解除劳动或聘用合同后，未再从事接触职业病危害作业的人员"被鉴定为一级至十级伤残、按《工伤保险条例》规定应以本人工资作为基数享受相关待遇的，按本人终止或者解除劳动、聘用合同前 12 个月平均月缴费工资计发。

**4. 职工受到事故伤害或者患职业病后，应在哪里进行工伤认定、劳动能力鉴定？**

答：根据人力资源和社会保障部《关于执行〈工伤保险条例〉若干问题的意见（二）》第 7 条第 3 款的规定，职工受到事故伤害或者患职业病后，在参保地进行工伤认定、劳动能力鉴定，并按照参保地的规定依法享受工伤保险待遇；未参加工伤保险的职工，应当在生产经营地进行工伤认定、劳动能力鉴定，并按照生产经营地的规定依法由用人单位支付工伤保险待遇。

**5. 哪些情况下被延误的时间可以不计算在工伤认定申请时限内？**

答：根据人力资源和社会保障部《关于执行〈工伤保险条例〉若干问题的意见（二）》第 8 条的规定，有下列情形之一的，被延误的时间不计算在工伤认定申请时限内：（1）受不可抗力影响的；（2）职工由于被国家机关依法采取强制措施等人身自由受到限制不能申请工伤认定的；（3）申请人正式提交了工伤认定申请，但因社会保险机构未登记或者材料遗失等原因造成申请超时限的；（4）当事人就确认劳动关系申请劳动仲裁或提起民事诉讼的；（5）其他符合法律法规规定的情形。

◆ **第十八条　工伤认定申请材料**

提出工伤认定申请应当提交下列材料：
（一）工伤认定申请表；
（二）与用人单位存在劳动关系（包括事实劳动关系）的证明材料；
（三）医疗诊断证明或者职业病诊断证明书（或者职业病诊断鉴定书）。

工伤认定申请表应当包括事故发生的时间、地点、原因以及职工伤害程度等基本情况。

工伤认定申请人提供材料不完整的，社会保险行政部门应当一次性书面告知工伤认定申请人需要补正的全部材料。申请人按照书面告知要求补正材料后，社会保险行政部门应当受理。

## 名词解释

工伤认定申请表，是指由国务院社会保险行政部门统一制定的、用于申请工伤认定的基本材料。工伤认定申请表主要包括以下项目：职工姓名、性别、出生日期、家庭地址、工作单位、单位地址、职业、工种或者工作岗位、事故时间、地点及主要原因、诊断时间、受伤害部位、职业病名称、接触职业病危害岗位、接触职业病危害时间、受伤害经过简述、申请事项、用人单位意见、社会保险行政部门受理意见等。

◆ **第十九条　对工伤事故的调查核实**

社会保险行政部门受理工伤认定申请后，根据审核需要可以对事故伤害进行<u>调查核实</u>，用人单位、职工、工会组织、医疗机构以及有关部门应当予以协助。职业病诊断和诊断争议的鉴定，依照职业病防治法的有关规定执行。对<u>依法取得职业病诊断证明书或者职业病诊断鉴定书的</u>，社会保险行政部门<u>不再进行调查核实</u>。

职工或者其近亲属认为是工伤，用人单位不认为是工伤的，<u>由用人单位承担举证责任</u>。

### 实用问答

**社会保险行政部门工作人员对事故伤害进行调查核实的工作有哪些？**

答：根据《工伤认定办法》第11条的规定，社会保险行政部门工作人员在工伤认定中，可以进行以下调查核实工作：（1）根据工作需要，进入有关单位和事故现场；（2）依法查阅与工伤认定有关的资料，询问有关人员并作出调查笔录；（3）记录、录音、录像和复制与工伤认定有关的资料。调查核实工作的证据收集参照行政诉讼证据收集的有关规定执行。

## 典型案例

### 程某某诉上海市青浦区人力资源和社会保障局工伤认定案[①]

**要旨**：在工伤认定程序中，用人单位的举证责任源于法律规定。《工伤保险条例》第十九条第二款规定："职工或者其近亲属认为是工伤，用人单位不认为是工伤的，由用人单位承担举证责任。"由此可知，职工（或其近亲属）以自己受到事故伤害的事实为基础，并提供了相应的证据材料，证明在"三工"范围内受伤，而用人单位不认为是工伤的，则应对事实不存在或事实陷入真伪不明进行举证。用人单位所举证据，不足以完全否定劳动者主张的，则应承担不利后果。申泰公司提供了事故说明、当时与程某某一起工作的员工秦某某的询问调查记录、保安熊某的调查记录以及事发当晚程某某工作楼面的摄像，以证明没有人看到或听见程某某右足扭伤的过程，也未发现程某某行走异样的迹象，故X光片显示的骨折系在其他时段形成。从形式上看，申泰公司尽了举证义务，程某某主张的事实不存在。相较劳动者与用人单位各自提供的证据，可以发现程某某对事故发生的时间、地点、原因以及伤害程度作出的陈述大体符合逻辑。申泰公司提供的证据虽在数量上占有优势，但对两方提供证据之间的矛盾与冲突，其未能提供充分的证据以否定程某某的主张。同时，申泰公司提供的程某某工作时的录像存有死角，不能反映程某某陈述的受伤地点楼梯部位的情况，且申泰公司亦未拿出程某某下班时段

---

[①] 参见上海市第二中级人民法院（2013）沪二中行终字第299号行政判决书。

的监控录像，以证明其走路未发现异样；又如，证人熊某的证词出现反复性等。在本案中，用人单位和劳动者对事实的证明条件、证明能力并不对等。用人单位一方通过考勤登记、监控录像等占有或接近直接证据材料，更有条件和能力收集并提供证据，而程某某则可能缺乏收集证据的意识、条件和手段。因此，用人单位的举证责任应该是充分并排除一切因工事故的可能性。

◆ **第二十条　工伤认定决定的作出**

社会保险行政部门应当自受理工伤认定申请之日起60日内作出工伤认定的决定，并书面通知申请工伤认定的职工或者其近亲属和该职工所在单位。

社会保险行政部门对受理的事实清楚、权利义务明确的工伤认定申请，应当在15日内作出工伤认定的决定。

作出工伤认定决定需要以司法机关或者有关行政主管部门的结论为依据的，在司法机关或者有关行政主管部门尚未作出结论期间，作出工伤认定决定的时限中止。

社会保险行政部门工作人员与工伤认定申请人有利害关系的，应当回避。

### 实用问答

**《认定工伤决定书》及《不予认定工伤决定书》应当载明的事项有哪些？**

答：根据《工伤认定办法》第19条的规定，《认定工伤决定书》应当载明下列事项：（1）用人单位全称；（2）职工的姓名、性别、年龄、职业、身份证号码；（3）受伤害部位、事故时间和诊断时间或职业病名称、受伤害经过和核实情况、医疗救治的基本情况和诊断结论；(4)认定工伤或者视同工伤的依据；(5)不服认定决定申请行政复议或者提起行政诉讼的部门和时限；(6)作出认定工伤或者视同工伤决定的时间。《不予认定工伤决定书》应当载明下列事项：(1)用人单位全称；(2)职工的姓名、性别、年龄、职业、身份证号码；(3)不予认定工伤或者不视同工伤的依据；(4)不服认定决定申请行政复议或者提起行政诉讼的部门和时限；(5)作出不予认定工伤或者不视同工伤决定的时间。《认定工伤决定书》和《不予认定工伤决定书》应当加盖社会保险行政部门工伤认定专用印章。

## 第四章 劳动能力鉴定

◆ **第二十一条 进行鉴定的条件**

职工发生工伤，经治疗伤情相对稳定后存在残疾、影响劳动能力的，应当进行劳动能力鉴定。

**实用问答**

**1. 职工发生工伤，经治疗伤情相对稳定后存在残疾，具体是指什么情况？**

答：职工发生工伤后存在残疾，主要是指身体上的残疾，如肢体残疾、器官受损等。职工因工伤造成身体残疾的，就需要进行劳动能力鉴定，评定伤残等级，依法获得工伤保险待遇。

**2. 职工发生工伤，经治疗伤情相对稳定后存在影响劳动能力的情况，具体是指什么？**

答：这里的"影响劳动能力"，是指职工工伤后，由于身体造成的伤残使其不能从事工伤前的工作，只能从事劳动强度比较低的工作，甚至无法再工作。

◆ **第二十二条 鉴定的等级和标准**

劳动能力鉴定是指劳动功能障碍程度和生活自理障碍程度的等级鉴定。

劳动功能障碍分为十个伤残等级，最重的为一级，最轻的为十级。

生活自理障碍分为三个等级：生活完全不能自理、生活大部分不能自理和生活部分不能自理。

劳动能力鉴定标准由国务院社会保险行政部门会同国务院卫生行政部门等部门制定。

◆ **第二十三条　鉴定的申请**

劳动能力鉴定由用人单位、工伤职工或者其近亲属向设区的市级劳动能力鉴定委员会提出申请，并提供工伤认定决定和职工工伤医疗的有关资料。

**实用问答**

申请劳动能力鉴定应当提交哪些材料？

**答**：根据《工伤职工劳动能力鉴定管理办法》第8条的规定，申请劳动能力鉴定应当填写劳动能力鉴定申请表，并提交下列材料：（1）有效的诊断证明、按照医疗机构病历管理有关规定复印或者复制的检查、检验报告等完整病历材料；（2）工伤职工的居民身份证或者社会保障卡等其他有效身份证明原件。

◆ **第二十四条　鉴定委员会的组成**

省、自治区、直辖市劳动能力鉴定委员会和设区的市级劳动能力鉴定委员会分别由省、自治区、直辖市和设区的市级社会保险行政部门、卫生行政部门、工会组织、经办机构代表以及用人单位代表组成。

劳动能力鉴定委员会<u>建立医疗卫生专家库</u>。列入专家库的医疗卫生专业技术人员应当具备下列条件：

（一）<u>具有医疗卫生高级专业技术职务任职资格</u>；

（二）<u>掌握劳动能力鉴定的相关知识</u>；

（三）<u>具有良好的职业品德</u>。

### 实用问答

**1. 劳动能力鉴定委员会的职责有哪些？**

答：根据《工伤职工劳动能力鉴定管理办法》第 4 条的规定，劳动能力鉴定委员会履行下列职责：（1）选聘医疗卫生专家，组建医疗卫生专家库，对专家进行培训和管理；（2）组织劳动能力鉴定；（3）根据专家组的鉴定意见作出劳动能力鉴定结论；（4）建立完整的鉴定数据库，保管鉴定工作档案 50 年；（5）法律、法规、规章规定的其他职责。

**2. 劳动能力鉴定委员会是怎样管理专家库的？**

答：根据《工伤职工劳动能力鉴定管理办法》第 20 条、第 21 条第 1 款的规定，劳动能力鉴定委员会应当每 3 年对专家库进行一次调整和补充，实行动态管理。确有需要的，可以根据实际情况适时调整。劳动能力鉴定委员会选聘医疗卫生专家，聘期一般为 3 年，可以连续聘任。另外，劳动能力鉴定委员会解聘专家的情形，即根据《工伤职工劳动能力鉴定管理办法》第 28 条的规定，从事劳动能力鉴定的专家有下列行为之一的，劳动能力鉴定委员会应当予以解聘；情节严重的，由卫生计生行政部门（现为卫生健康主管部门）依法处理：（1）提供虚假鉴定意见的；（2）利用职务之便非法收受当事人财物的；(3)无正当理由不履行职责的；(4)有违反法律法规的其他行为的。

### ◆ 第二十五条　鉴定结论的作出

设区的市级劳动能力鉴定委员会收到劳动能力鉴定申请后，应当从其建立的医疗卫生专家库中随机抽取3名或者5名相关专家组成专家组，由专家组提出鉴定意见。设区的市级劳动能力鉴定委员会根据专家组的鉴定意见作出工伤职工劳动能力鉴定结论；必要时，可以委托具备资格的医疗机构协助进行有关的诊断。

设区的市级劳动能力鉴定委员会应当自收到劳动能力鉴定申请之日起60日内作出劳动能力鉴定结论，必要时，作出劳动能力鉴定结论的期限可以延长30日。劳动能力鉴定结论应当及时送达申请鉴定的单位和个人。

### 实用问答

**1. 劳动能力鉴定结论书应当载明的事项有哪些？**

答：根据《工伤职工劳动能力鉴定管理办法》第14条的规定，劳动能力鉴定委员会根据专家组的鉴定意见作出劳动能力鉴定结论。劳动能力鉴定结论书应当载明下列事项：(1)工伤职工及其用人单位的基本信息；(2)伤情介绍，包括伤残部位、器官功能障碍程度、诊断情况等；(3)作出鉴定的依据；(4)鉴定结论。

**2. 用人单位、工伤职工或者其近亲属在劳动能力鉴定过程中的义务有哪些？**

答：根据《工伤职工劳动能力鉴定管理办法》第23条的规定，用人单位、工伤职工或者其近亲属应当如实提供鉴定需要的材料，遵守劳动能力鉴定相关规定，按照要求配合劳动能力鉴定工作。另外，工伤职工如有下列情形之一，当次鉴定终止：（1）无正当理由不参加现场鉴定的；（2）拒不参加劳动能力鉴定委员会安排的检查和诊断的。

### ◆ 第二十六条　再次鉴定

申请鉴定的单位或者个人对设区的市级劳动能力鉴定委员会作出的鉴定结论不服的，可以在收到该鉴定结论之日起15日内向省、自治区、直辖市劳动能力鉴定委员会提出再次鉴定申请。省、自治区、直辖市劳动能力鉴定委员会作出的劳动能力鉴定结论为最终结论。

**实用问答**

申请再次鉴定应提供哪些材料？

答：根据《工伤职工劳动能力鉴定管理办法》第16条第2款的规定，申请再次鉴定，应当提供劳动能力鉴定申请表，以及工伤职工的居民身份证或者社会保障卡等有效身份证明原件。

### ◆ 第二十七条　鉴定工作原则

劳动能力鉴定工作应当客观、公正。劳动能力鉴定委员会组成人员或者参加鉴定的专家与当事人有利害关系的，应当回避。

**实用问答**

劳动能力鉴定委员会和承担劳动能力鉴定委员会日常工作的机构及其工作人员未履行法定义务的法律责任是什么？

答：根据《工伤职工劳动能力鉴定管理办法》第27条的规定，

劳动能力鉴定委员会和承担劳动能力鉴定委员会日常工作的机构及其工作人员在从事或者组织劳动能力鉴定时，有下列行为之一的，由人力资源社会保障行政部门或者有关部门责令改正，对直接负责的主管人员和其他直接责任人员依法给予相应处分；构成犯罪的，依法追究刑事责任：（1）未及时审核并书面告知申请人需要补正的全部材料的；（2）未在规定期限内作出劳动能力鉴定结论的；（3）未按照规定及时送达劳动能力鉴定结论的；（4）未按照规定随机抽取相关科别专家进行鉴定的；（5）擅自篡改劳动能力鉴定委员会作出的鉴定结论的；（6）利用职务之便非法收受当事人财物的；（7）有违反法律法规的其他行为的。

◆ **第二十八条　复查鉴定**

自劳动能力鉴定结论作出之日起1年后，工伤职工或者其近亲属、所在单位或者经办机构认为伤残情况发生变化的，可以申请劳动能力复查鉴定。

◆ **第二十九条　再次鉴定与复查鉴定的期限**

劳动能力鉴定委员会依照本条例第二十六条和第二十八条的规定进行再次鉴定和复查鉴定的期限，依照本条例第二十五条第二款的规定执行。

## 第五章　工伤保险待遇

◆ **第三十条　工伤医疗待遇**

职工因工作遭受事故伤害或者患职业病进行治疗，享受工伤医疗待遇。

职工治疗工伤应当在签订服务协议的医疗机构就医，情况紧急时可以先到就近的医疗机构急救。

治疗工伤所需费用符合工伤保险诊疗项目目录、工伤保险药品目录、工伤保险住院服务标准的，从工伤保险基金支付。工伤保险诊疗项目目录、工伤保险药品目录、工伤保险住院服务标准，由国务院社会保险行政部门会同国务院卫生行政部门、食品药品监督管理部门等部门规定。

职工住院治疗工伤的伙食补助费，以及经医疗机构出具证明，报经办机构同意，工伤职工到统筹地区以外就医所需的交通、食宿费用从工伤保险基金支付，基金支付的具体标准由统筹地区人民政府规定。

工伤职工治疗非工伤引发的疾病，不享受工伤医疗待遇，按照基本医疗保险办法处理。

工伤职工到签订服务协议的医疗机构进行工伤康复的费用，符合规定的，从工伤保险基金支付。

### 📝 名词解释

服务协议，是指社会保险经办机构与该统筹区域内的有关医疗机构就工伤患者就诊、用药、辅助器具管理、费用给付、争议处理办法等事项进行协商所达成的协议。服务协议由社会保险经办机构与工伤医疗机构签订。

### 📋 实用问答

**1. 职工由于第三人的侵权行为造成伤病被认定为工伤，第三人不支付工伤医疗费用或者无法确定第三人的，还可以享受工伤保险待遇吗？**

答：根据《社会保险基金先行支付暂行办法》第4条、第5条的规定，职工由于第三人的侵权行为造成伤病被认定为工伤，第三人不支付工伤医疗费用或者无法确定第三人的，职工或者其近亲属可以向社会保险经办机构书面申请工伤保险基金先行支付，并告知第三人不支付或者无法确定第三人的情况。社会保险经办机构接到职工根据上述规定提出的申请后，应当审查职工获得基本医疗保险基金先行支付和其所在单位缴纳工伤保险费等情况，并按照下列情形分别处理：

（1）对于职工所在用人单位已经依法缴纳工伤保险费，且在认定工伤之前基本医疗保险基金有先行支付的，社会保险经办机构应当按照工伤保险有关规定，用工伤保险基金先行支付超出基本医疗保险基金先行支付部分的医疗费用，并向基本医疗保险基金退还先行支付的费用。

（2）对于职工所在用人单位已经依法缴纳工伤保险费，在认定工伤之前基本医疗保险基金无先行支付的，社会保险经办机构应当用工伤保险基金先行支付工伤医疗费用。

(3) 对于职工所在用人单位未依法缴纳工伤保险费，且在认定工伤之前基本医疗保险基金有先行支付的，社会保险经办机构应当在3个工作日内向用人单位发出书面催告通知，要求用人单位在5个工作日内依法支付超出基本医疗保险基金先行支付部分的医疗费用，并向基本医疗保险基金偿还先行支付的医疗费用。用人单位在规定时间内不支付其余部分医疗费用的，社会保险经办机构应当用工伤保险基金先行支付。

(4) 对于职工所在用人单位未依法缴纳工伤保险费，在认定工伤之前基本医疗保险基金无先行支付的，社会保险经办机构应当在3个工作日内向用人单位发出书面催告通知，要求用人单位在5个工作日内依法支付全部工伤医疗费用；用人单位在规定时间内不支付的，社会保险经办机构应当用工伤保险基金先行支付。

**2. 职工已经从第三人或者用人单位处获得医疗费用、工伤医疗费用或者工伤保险待遇的，工伤保险基金先行支付的工伤保险待遇应当怎样处理？**

答：根据《社会保险基金先行支付暂行办法》第11条的规定，职工已经从第三人或者用人单位处获得医疗费用、工伤医疗费用或者工伤保险待遇的，应当主动将先行支付金额中应当由第三人承担的部分或者工伤保险基金先行支付的工伤保险待遇退还给基本医疗保险基金或者工伤保险基金，社会保险经办机构不再向第三人或者用人单位追偿。职工拒不退还的，社会保险经办机构可以从以后支付的相关待遇中扣减其应当退还的数额，或者向人民法院提起诉讼。

**3. 职工隐瞒已经从第三人或者用人单位处获得医疗费用、工伤医疗费用或者工伤保险待遇，向社会保险经办机构申请并获得社会保险基金先行支付的，应承担怎样的法律责任？**

答：根据《社会保险基金先行支付暂行办法》第16条及《社会

保险法》第 88 条的规定，职工隐瞒已经从第三人或者用人单位处获得医疗费用、工伤医疗费用或者工伤保险待遇，向社会保险经办机构申请并获得社会保险基金先行支付的，由社会保险行政部门责令退回骗取的社会保险金，处骗取金额 2 倍以上 5 倍以下的罚款。

◆ **第三十一条　复议与诉讼不停止支付医疗费用**

社会保险行政部门作出认定为工伤的决定后发生行政复议、行政诉讼的，行政复议和行政诉讼期间不停止支付工伤职工治疗工伤的医疗费用。

### 名词解释

**行政复议**，是指公民、法人或者其他组织认为具体行政行为侵犯其合法权益，向行政复议机关提出申请，由复议机关受理、审查并作出决定的法律制度。

**行政诉讼**，是指公民、法人或者其他组织认为行政机关和行政机关工作人员或法律、法规、规章授权的组织的行政行为侵犯其合法权益，向人民法院起诉，人民法院对被诉行为进行审查并依法裁决的法律制度。

◆ **第三十二条　辅助器具的配置**

工伤职工因日常生活或者就业需要，经劳动能力鉴定委员会确认，可以安装假肢、矫形器、假眼、假牙和配置轮椅等辅助器具，所需费用按照国家规定的标准从工伤保险基金支付。

### 实用问答

**1. 工伤职工因日常生活或者就业需要申请辅助器具的，需要提交哪些材料？**

答：根据《工伤保险辅助器具配置管理办法》第 7 条的规定，工伤职工认为需要配置辅助器具的，可以向劳动能力鉴定委员会提出辅助器具配置确认申请，并提交下列材料：（1）居民身份证或者社会保障卡等有效身份证明原件；（2）有效的诊断证明、按照医疗机构病历管理有关规定复印或者复制的检查、检验报告等完整病历材料。另外，工伤职工本人因身体等原因无法提出申请的，可由其近亲属或者用人单位代为申请。

**2. 劳动能力鉴定委员会收到职工的辅助器具配置确认申请后，应在多长时间内作出确认结论？**

答：根据《工伤保险辅助器具配置管理办法》第 8 条的规定，劳动能力鉴定委员会收到辅助器具配置确认申请后，应当及时审核；材料不完整的，应当自收到申请之日起 5 个工作日内一次性书面告知申请人需要补正的全部材料；材料完整的，应当在收到申请之日起 60 日内作出确认结论。伤情复杂、涉及医疗卫生专业较多的，作出确认结论的期限可以延长 30 日。

**3. 辅助器具可以申请更换吗？**

答：辅助器具可以申请更换，但是要符合相应的法律情形。根据《工伤保险辅助器具配置管理办法》第 16 条的规定，辅助器具达到规定的最低使用年限的，工伤职工可以按照统筹地区人力资源社会保障行政部门的规定申请更换。工伤职工因伤情发生变化，需要更换主要部件或者配置新的辅助器具的，经向劳动能力鉴定委员会重新提出确认申请并经确认后，由工伤保险基金支付配置费用。

**4. 经办机构不予支付配置费用的情形有哪些？**

答：根据《工伤保险辅助器具配置管理办法》第 24 条的规定，有下列情形之一的，经办机构不予支付配置费用：（1）未经劳动能力鉴定委员会确认，自行配置辅助器具的；（2）在非协议机构配置辅助器具的；（3）配置辅助器具超目录或者超出限额部分的；（4）违反规定更换辅助器具的。

◆ **第三十三条　停工留薪期待遇**

> 职工因工作遭受事故伤害或者患职业病需要暂停工作接受工伤医疗的，在停工留薪期内，原工资福利待遇不变，由所在单位按月支付。
> 
> 停工留薪期一般不超过 12 个月。伤情严重或者情况特殊，经设区的市级劳动能力鉴定委员会确认，可以适当延长，但延长不得超过 12 个月。工伤职工评定伤残等级后，停发原待遇，按照本章的有关规定享受伤残待遇。工伤职工在停工留薪期满后仍需治疗的，继续享受工伤医疗待遇。
> 
> 生活不能自理的工伤职工在停工留薪期需要护理的，由所在单位负责。

### 名词解释

**停工留薪期，** 是指职工遭受工伤事故伤害或者患职业病后，暂停工作接受治疗并享受有关待遇的期限。

> **典型案例**

### 吴江市佳帆纺织有限公司诉周付坤
### 工伤保险待遇纠纷案[①]

**要旨**：劳动者因第三人侵权造成人身损害并构成工伤的，在停工留薪期间内，原工资福利待遇不变，由所在单位按月支付。用人单位以侵权人已向劳动者赔偿误工费为由，主张无须支付停工留薪期间工资的，人民法院不予支持。

### 李某某诉铜陵英才学校劳动争议纠纷案[②]

**要旨**：第三人侵权赔偿是基于侵权行为而承担赔偿责任。工伤赔偿是基于工伤保险关系作出的赔偿。两种不同的法律关系，不能相互替代。侵权中的残疾赔偿金、误工费、护理费等待遇和工伤赔偿中的一次性伤残补助金、停工留薪期工资等待遇可以兼得，但对一次性支出损失只能获得一次赔偿。

◆ **第三十四条　伤残职工的生活护理费**

工伤职工已经评定伤残等级并经劳动能力鉴定委员会确认需要生活护理的，从工伤保险基金按月支付生活护理费。

---

① 参见《中华人民共和国最高人民法院公报》2021年第6期。
② 参见安徽省铜陵市中级人民法院（2015）铜中民一终字第00238号民事判决书。

生活护理费按照生活完全不能自理、生活大部分不能自理或者生活部分不能自理3个不同等级支付，其标准分别为统筹地区上年度职工月平均工资的50%、40%或者30%。

**名词解释**

生活护理费，是指工伤职工已经评定伤残等级并经劳动能力鉴定委员会确认需要生活护理的，从工伤保险基金中获得的支付其生活护理所需的必要费用。

### ◆ 第三十五条　一至四级伤残待遇

职工因工致残被鉴定为一级至四级伤残的，保留劳动关系，退出工作岗位，享受以下待遇：

（一）从工伤保险基金按伤残等级支付一次性伤残补助金，标准为：一级伤残为27个月的本人工资，二级伤残为25个月的本人工资，三级伤残为23个月的本人工资，四级伤残为21个月的本人工资；

（二）从工伤保险基金按月支付伤残津贴，标准为：一级伤残为本人工资的90%，二级伤残为本人工资的85%，三级伤残为本人工资的80%，四级伤残为本人工资的75%。伤残津贴实际金额低于当地最低工资标准的，由工伤保险基金补足差额；

（三）工伤职工达到退休年龄并办理退休手续后，停发伤残津贴，按照国家有关规定享受基本养老保险待遇。基本养老保险待遇低于伤残津贴的，由工伤保险基金补足差额。

职工因工致残被鉴定为一级至四级伤残的，由用人单位和职工个人以伤残津贴为基数，缴纳基本医疗保险费。

### 📝 名词解释

**伤残补助金**，是指职工因工致残并经劳动能力鉴定委员会评定伤残等级的，按照该伤残等级从工伤保险基金中对该职工一次性支付的伤残补助费用。

**伤残津贴**，是指职工因工致残被鉴定为一级至四级伤残，与单位保留劳动关系，退出工作岗位的，以及工伤职工因工致残被鉴定为五、六级伤残，保留与用人单位的劳动关系，本应由用人单位安排适当工作，但难以安排的，分别由工伤保险基金或者用人单位对其按月支付的津贴。

### 📄 实用问答

一级至四级工伤职工死亡，其近亲属同时符合领取工伤保险丧葬补助金、供养亲属抚恤金待遇和职工基本养老保险丧葬补助金、抚恤金待遇条件的，应怎样处理？

答：根据人力资源和社会保障部《关于执行〈工伤保险条例〉若干问题的意见（二）》第1条的规定，一级至四级工伤职工死亡，其近亲属同时符合领取工伤保险丧葬补助金、供养亲属抚恤金待遇和职工基本养老保险丧葬补助金、抚恤金待遇条件的，由其近亲属选择领取工伤保险或职工基本养老保险其中一种。

### ◆ 第三十六条　五至六级伤残待遇

职工因工致残被鉴定为五级、六级伤残的，享受以下待遇：

（一）从工伤保险基金按伤残等级支付一次性伤残补助金，标准为：五级伤残为18个月的本人工资，六级伤残为16个月的本人工资；

（二）保留与用人单位的劳动关系，由用人单位安排适当工作。难以安排工作的，由用人单位按月发给伤残津贴，标准为：五级伤残为本人工资的70%，六级伤残为本人工资的60%，并由用人单位按照规定为其缴纳应缴纳的各项社会保险费。伤残津贴实际金额低于当地最低工资标准的，由用人单位补足差额。

经工伤职工本人提出，该职工可以与用人单位解除或者终止劳动关系，由工伤保险基金支付一次性工伤医疗补助金，由用人单位支付一次性伤残就业补助金。一次性工伤医疗补助金和一次性伤残就业补助金的具体标准由省、自治区、直辖市人民政府规定。

◆ **第三十七条　七至十级伤残待遇**

职工因工致残被鉴定为七级至十级伤残的，享受以下待遇：

（一）从工伤保险基金按伤残等级支付一次性伤残补助金，标准为：七级伤残为13个月的本人工资，八级伤残为11个月的本人工资，九级伤残为9个月的本人工资，十级伤残为7个月的本人工资；

（二）劳动、聘用合同期满终止，或者职工本人提出解除劳动、聘用合同的，由工伤保险基金支付一次性工伤医疗补助金，由用人单位支付一次性伤残就业补助金。一次性工伤医疗补助金和一次性伤残就业补助金的具体标准由省、自治区、直辖市人民政府规定。

## 典型案例

### 杜开均申请执行四川科茂建筑劳务有限公司工伤赔偿纠纷案[①]

**要旨：** 本案是工伤保险执行案件，此类执行案件的申请执行人多为弱势群体，经济困难，被执行人拒不支付工伤保险的行为，会使申请执行人陷入困境。本案当事人杜开均因工伤致七级伤残享受工伤保险待遇，用人单位科茂公司拒不履行判决确定义务。法院通过将被执行人纳入失信名单，对其商誉形成压力，促使被执行人与申请执行人达成执行和解协议。

◆ **第三十八条　工伤复发的待遇**

工伤职工工伤复发，确认需要治疗的，享受本条例第三十条、第三十二条和第三十三条规定的工伤待遇。

## 名词解释

**工伤职工工伤复发，** 是指工伤职工经过医疗机构的诊断治疗，确定病情已经痊愈，终止停工留薪期，经过劳动能力鉴定委员会评定伤残等级或者正处于劳动能力鉴定过程中，工伤职工的病情又重新发作。

---

① 参见《最高人民法院发布的六起涉民生执行典型案例》，载《人民法院报》2017 年 1 月 25 日，第 3 版。

## 实用问答

**工伤职工工伤复发后应如何认定是否需要治疗？**

答：根据原劳动和社会保障部《关于实施〈工伤保险条例〉若干问题的意见》第7条的规定，工伤职工旧伤复发，是否需要治疗应由治疗工伤职工的协议医疗机构提出意见，有争议的由劳动能力鉴定委员会确认。

### ◆ 第三十九条　因工死亡待遇

职工因工死亡，其近亲属按照下列规定从工伤保险基金领取丧葬补助金、供养亲属抚恤金和一次性工亡补助金：

（一）丧葬补助金为6个月的统筹地区上年度职工月平均工资；

（二）供养亲属抚恤金按照职工本人工资的一定比例发给由因工死亡职工生前提供主要生活来源、无劳动能力的亲属。标准为：配偶每月40%，其他亲属每人每月30%，孤寡老人或者孤儿每人每月在上述标准的基础上增加10%。核定的各供养亲属的抚恤金之和不应高于因工死亡职工生前的工资。供养亲属的具体范围由国务院社会保险行政部门规定；

（三）一次性工亡补助金标准为上一年度全国城镇居民人均可支配收入的20倍。

伤残职工在停工留薪期内因工伤导致死亡的，其近亲属享受本条第一款规定的待遇。

一级至四级伤残职工在停工留薪期满后死亡的，其近亲属可以享受本条第一款第（一）项、第（二）项规定的待遇。

### ◆ 第四十条　待遇的调整

伤残津贴、供养亲属抚恤金、生活护理费由统筹地区社会保险行政部门根据职工平均工资和生活费用变化等情况适时调整。调整办法由省、自治区、直辖市人民政府规定。

### ◆ 第四十一条　因工下落不明的待遇

职工因工外出期间发生事故或者在抢险救灾中下落不明的，从事故发生当月起3个月内照发工资，从第4个月起停发工资，由工伤保险基金向其供养亲属按月支付供养亲属抚恤金。生活有困难的，可以预支一次性工亡补助金的50%。职工被人民法院宣告死亡的，按照本条例第三十九条职工因工死亡的规定处理。

📄 实用问答

什么情况下职工会被人民法院宣告死亡？

**答：**根据《民法典》第46条第1款的规定，职工有下列情形之一的，利害关系人可以向人民法院申请宣告该职工死亡：（1）下落不明满4年；（2）因意外事件，下落不明满2年。

### ◆ 第四十二条　停止享受待遇情形

工伤职工有下列情形之一的，停止享受工伤保险待遇：

（一）丧失享受待遇条件的；

（二）拒不接受劳动能力鉴定的；

（三）拒绝治疗的。

### 实用问答

职工在停止享受工伤保险待遇的情形消失后，还可以继续享受工伤保险待遇吗？

**答**：根据人力资源和社会保障部《关于执行〈工伤保险条例〉若干问题的意见》第 11 条的规定，依据《工伤保险条例》第 42 条的规定停止支付工伤保险待遇的，在停止支付待遇的情形消失后，自下月起恢复工伤保险待遇，停止支付的工伤保险待遇不予补发。

#### ◆ 第四十三条 用人单位变故与职工借调的工伤保险责任

用人单位分立、合并、转让的，承继单位应当承担原用人单位的工伤保险责任；原用人单位已经参加工伤保险的，承继单位应当到当地经办机构办理工伤保险变更登记。

用人单位实行承包经营的，工伤保险责任由职工劳动关系所在单位承担。

职工被借调期间受到工伤事故伤害的，由原用人单位承担工伤保险责任，但原用人单位与借调单位可以约定补偿办法。

企业破产的，在破产清算时依法拨付应当由单位支付的工伤保险待遇费用。

### 实用问答

具备用工主体资格的承包单位违反法律、法规规定，将承包业务转包、分包给不具备用工主体资格的组织或者自然人，该组织或者自然人招用的劳动者从事承包业务时因工伤亡的，工伤保险责任应由谁承担？

**答**：根据人力资源和社会保障部《关于执行〈工伤保险条例〉

若干问题的意见》第 7 条的规定，具备用工主体资格的承包单位违反法律、法规规定，将承包业务转包、分包给不具备用工主体资格的组织或者自然人，该组织或者自然人招用的劳动者从事承包业务时因工伤亡的，由该具备用工主体资格的承包单位承担用人单位依法应承担的工伤保险责任。

◆ **第四十四条　出境工作的工伤保险处理**

职工被派遣出境工作，依据前往国家或者地区的法律应当参加当地工伤保险的，参加当地工伤保险，其国内工伤保险关系中止；不能参加当地工伤保险的，其国内工伤保险关系不中止。

◆ **第四十五条　再次工伤的待遇**

职工再次发生工伤，根据规定应当享受伤残津贴的，按照新认定的伤残等级享受伤残津贴待遇。

**名词解释**

职工再次发生工伤，是指工伤职工遭受两次或两次以上的工伤事故或患职业病，在前次工伤事故造成的病情经治疗并经劳动能力鉴定确定伤残等级后，再次遭受工伤事故或患职业病，后者加剧了工伤职工的病情。

**实用问答**

职工在同一用人单位连续工作期间多次发生工伤的，应享有怎样的工伤保险待遇？

答：根据人力资源和社会保障部《关于执行〈工伤保险条例〉

若干问题的意见》第10条的规定,职工在同一用人单位连续工作期间多次发生工伤的,符合《工伤保险条例》第36条、第37条规定领取相关待遇时,按照其在同一用人单位发生工伤的最高伤残级别,计发一次性伤残就业补助金和一次性工伤医疗补助金。

## 第六章 监督管理

◆ **第四十六条 经办机构的职责**

经办机构具体承办工伤保险事务，履行下列职责：

（一）根据省、自治区、直辖市人民政府规定，<u>征收工伤保险费</u>；

（二）<u>核查用人单位的工资总额和职工人数</u>，<u>办理工伤保险登记</u>，并负责保存用人单位缴费和职工享受工伤保险待遇情况的记录；

（三）进行工伤保险的调查、统计；

（四）按照规定管理工伤保险基金的支出；

（五）按照规定核定工伤保险待遇；

（六）为工伤职工或者其近亲属<u>免费提供咨询服务</u>。

### 实用问答

社会保险行政部门发现，因工伤认定申请人或者用人单位隐瞒有关情况或者提供虚假材料，导致工伤认定决定错误的，应如何处理？

答：根据人力资源和社会保障部《关于执行〈工伤保险条例〉若干问题的意见（二）》第 10 条的规定，因工伤认定申请人或者用人单位隐瞒有关情况或者提供虚假材料，导致工伤认定决定错误的，社会保险行政部门发现后，应当及时予以更正。

◆ **第四十七条 服务协议**

经办机构与医疗机构、辅助器具配置机构在平等协商的基础上签订服务协议,并公布签订服务协议的医疗机构、辅助器具配置机构的名单。具体办法由国务院社会保险行政部门分别会同国务院卫生行政部门、民政部门等部门制定。

### 实用问答

**服务协议主要有哪些类型?**

答:服务协议主要包括以下三类:(1)社会保险经办机构按规定与获得执业许可证的医疗机构签订工伤医疗服务协议;(2)社会保险经办机构与医疗机构或者康复机构签订康复服务协议;(3)社会保险经办机构与辅助器具配置机构签订安装配置辅助器具服务协议。

◆ **第四十八条 费用核查结算**

经办机构按照协议和国家有关目录、标准对工伤职工医疗费用、康复费用、辅助器具费用的使用情况进行核查,并按时足额结算费用。

### 实用问答

**工伤保险费用的结算主要包括哪些方式?**

答:工伤保险费用的结算主要包括以下三种方式:(1)总额预付结算方式。采取总额预付结算方式的,要根据工伤保险的支付范围和工伤职工的年龄等具体情况,合理确定对医疗机构、康复机构、辅助器具配置机构的预付总额。（2）服务项目结算方式。采取服务项目结算方式的，要根据医疗、康复、配置辅助器具等服务的收费标准、服务数量等进行结算。在结算过程中，要加强对服务项目的核查工作，防止发生重复检查、故意延长住院时间等违反协议规定的行为。（3）服务单元结算方式。采取服务单元结算方式的，可以诊断病种、门诊诊疗人次和住院床日等作为结算的服务单元。另外，社会保险经办机构可以综合使用上述三种结算方式。

### ◆ 第四十九条 公示与建议

经办机构应当定期公布工伤保险基金的收支情况，及时向社会保险行政部门提出调整费率的建议。

### ◆ 第五十条 听取意见

社会保险行政部门、经办机构应当定期听取工伤职工、医疗机构、辅助器具配置机构以及社会各界对改进工伤保险工作的意见。

### ◆ 第五十一条 行政监督

社会保险行政部门依法对工伤保险费的征缴和工伤保险基金的支付情况进行监督检查。

财政部门和审计机关依法对工伤保险基金的收支、管理情况进行监督。

## 实用问答

**1. 社会保险费征缴监督检查包括哪些内容？**

**答：** 根据《社会保险费征缴监督检查办法》第 6 条的规定，社会保险费征缴监督检查应当包括以下内容：(1)缴费单位向当地社会保险经办机构办理社会保险登记、变更登记或注销登记的情况；(2)缴费单位向社会保险经办机构申报缴费的情况；(3)缴费单位缴纳社会保险费的情况；(4)缴费单位代扣代缴个人缴费的情况；(5)缴费单位向职工公布本单位缴费的情况；(6)法律、法规规定的其他内容。

**2. 劳动保障监察人员执行监察公务和社会保险经办机构工作人员进行调查、检查时，可以行使哪些职权？**

**答：**根据《社会保险费征缴监督检查办法》第10条的规定，劳动保障监察人员执行监察公务和社会保险经办机构工作人员进行调查、检查时，可以行使下列职权：(1)可以到缴费单位了解遵守社会保险法律、法规的情况；(2)可以要求缴费单位提供与缴纳社会保险费有关的用人情况、工资表、财务报表等资料，询问有关人员，对缴费单位不能立即提供有关参加社会保险情况和资料的，可以下达劳动保障行政部门监督检查询问书；(3)可以记录、录音、录像、照相和复制有关资料。

◆ **第五十二条　群众监督**

> 任何组织和个人对有关工伤保险的违法行为，有权举报。社会保险行政部门对举报应当及时调查，按照规定处理，并为举报人保密。

### 📝 名词解释

**举报**，是指任何组织和个人对有关违反工伤保险的违法行为进行检举和控告的行为。

◆ **第五十三条 工会监督**

工会组织依法维护工伤职工的合法权益,对用人单位的工伤保险工作实行监督。

📄 **实用问答**

**工会组织怎样依法维护工伤职工的合法权益?**

**答：**根据《工会法》第27条的规定,职工因工伤亡事故和其他严重危害职工健康问题的调查处理,必须有工会参加。工会应当向有关部门提出处理意见,并有权要求追究直接负责的主管人员和有关责任人员的责任。对工会提出的意见,应当及时研究,给予答复。

◆ **第五十四条 争议处理**

职工与用人单位发生工伤待遇方面的争议,按照处理劳动争议的有关规定处理。

📄 **实用问答**

**用人单位违反相关法律规定,拖欠工伤医疗费的,职工应当怎样维护合法权益?**

**答：**根据《劳动争议调解仲裁法》第9条、第16条的规定,用人单位违反国家规定,拖欠工伤医疗费、经济补偿或者赔偿金的,职工可以向劳动行政部门投诉,劳动行政部门应当依法处理。因支付拖欠工伤医疗费、经济补偿或者赔偿金事项达成调解协议,用人单位在协议约定期限内不履行的,职工可以持调解协议书依法向人民法院申请支付令。人民法院应当依法发出支付令。

◆ **第五十五条　行政复议与行政诉讼**

有下列情形之一的，有关单位或者个人可以依法申请行政复议，也可以依法向人民法院提起行政诉讼：

（一）申请工伤认定的职工或者其近亲属、该职工所在单位对工伤认定申请不予受理的决定不服的；

（二）申请工伤认定的职工或者其近亲属、该职工所在单位对工伤认定结论不服的；

（三）用人单位对经办机构确定的单位缴费费率不服的；

（四）签订服务协议的医疗机构、辅助器具配置机构认为经办机构未履行有关协议或者规定的；

（五）工伤职工或者其近亲属对经办机构核定的工伤保险待遇有异议的。

## 典型案例

### 王明德诉乐山市人力资源和社会保障局工伤认定案[①]

**要旨**：当事人认为行政机关作出的程序性行政行为侵犯其人身权、财产权等合法权益，对其权利义务产生明显的实际影响，且无法通过提起针对相关的实体性行政行为的诉讼获得救济，而对该程序性行政行为提起行政诉讼的，人民法院应当依法受理。

---

① 参见最高人民法院指导案例69号，2016年9月19日发布。

# 第七章 法律责任

◆ **第五十六条 挪用工伤保险基金的责任**

单位或者个人违反本条例第十二条规定挪用工伤保险基金，构成犯罪的，依法追究刑事责任；尚不构成犯罪的，依法给予处分或者纪律处分。被挪用的基金由社会保险行政部门追回，并入工伤保险基金；没收的违法所得依法上缴国库。

### 实用问答

**单位或者个人挪用工伤保险基金，可能承担的刑事责任是什么？**

答：单位或者个人挪用工伤保险基金，可能构成挪用公款罪。根据《刑法》第384条第1款的规定，国家工作人员利用职务上的便利，挪用公款归个人使用，进行非法活动的，或者挪用公款数额较大、进行营利活动的，或者挪用公款数额较大、超过3个月未还的，是挪用公款罪，处5年以下有期徒刑或者拘役；情节严重的，处5年以上有期徒刑。挪用公款数额巨大不退还的，处10年以上有期徒刑或者无期徒刑。根据《人民检察院直接受理立案侦查案件立案标准的规定（试行）》中的规定，"挪用公款案"涉嫌下列情形之一的，应予立案：（1）挪用公款归个人使用，数额在5000元至1万元以上，进行非法活动的；（2）挪用公款数额在1万元至3万元以上，归个人进行营利活动的；（3）挪用公款归个人使用，数额在1万元至3万元以上，超过3个月未还的。各省级人民检察院可以根据本地实际情况，在上述数额幅度内，确定本地区执行的具体数额标准，并报最高人民检察院备案。

> ◆ **第五十七条　社会保险行政部门工作人员的责任**
>
> 社会保险行政部门工作人员有下列情形之一的，依法给予处分；情节严重，构成犯罪的，依法追究刑事责任：
> （一）无正当理由不受理工伤认定申请，或者弄虚作假将不符合工伤条件的人员认定为工伤职工的；
> （二）未妥善保管申请工伤认定的证据材料，致使有关证据灭失的；
> （三）收受当事人财物的。

## 实用问答

**1. 无正当理由不受理工伤认定申请，是指什么情形？**

答：无正当理由不受理工伤认定申请，是指社会保险行政部门工作人员没有法定的原因或者正当理由，拒不受理工伤认定申请的情形。例如，申请人提出的工伤认定申请符合申请条件，但社会保险行政部门的工作人员在法定的受理期限内拒不受理、故意设置障碍，或者无故拖延致使申请超过时限等。

**2. 在工伤认定中弄虚作假，是指什么情形？**

答：在工伤认定中弄虚作假，是指将不符合工伤条件的人员认定为工伤职工。具体是指，负责工伤认定的工作人员利用职权，采取编造事实、提供虚假证明材料、虚假鉴定或者故意违反工伤认定程序等行为，将不属于工伤范围的人，如工伤认定工作人员的亲友或者有其他利益关系的人，认定为工伤职工等情形。

**3. 收受当事人的财物，包括哪些情形？法律责任有哪些？**

答：收受当事人的财物，包括收受职工及其近亲属、用人单位等的现金、礼物、有价证券等。社会保险行政部门的工作人员在履行工伤认定职责中收受当事人财物的，属于严重的违纪行为，应当依法给予处分；情节严重，构成受贿罪的，应当依法追究刑事责任。

◆ **第五十八条　经办机构的责任**

经办机构有下列行为之一的，由社会保险行政部门责令改正，对直接负责的主管人员和其他责任人员依法给予纪律处分；情节严重，构成犯罪的，依法追究刑事责任；造成当事人经济损失的，由经办机构依法承担赔偿责任：

（一）未按规定保存用人单位缴费和职工享受工伤保险待遇情况记录的；

（二）不按规定核定工伤保险待遇的；

（三）收受当事人财物的。

◆ **第五十九条　不正当履行服务协议的责任**

医疗机构、辅助器具配置机构不按服务协议提供服务的，经办机构可以解除服务协议。

经办机构不按时足额结算费用的，由社会保险行政部门责令改正；医疗机构、辅助器具配置机构可以解除服务协议。

◆ **第六十条　骗取工伤保险待遇的责任**

用人单位、工伤职工或者其近亲属骗取工伤保险待遇，医疗机构、辅助器具配置机构骗取工伤保险基金支出的，由社会保险行政部门责令退还,处骗取金额 2 倍以上 5 倍以下的罚款;情节严重,构成犯罪的,依法追究刑事责任。

### 典型案例

**蒋某某诉淮安市金三角钢结构房屋制造有限公司工伤保险待遇纠纷案**①

**要旨:**承揽人在履行承揽合同过程中,发生伤害事故,承揽人与定作人为骗取工伤保险待遇,补签劳动合同的行为使工伤保险基金受损,应认定为损害了社会公共利益,属无效民事行为,不能作为双方存在劳动关系的证据。劳动行政部门据此作出的工伤认定决定亦明显缺乏事实根据。在诉讼中,人民法院亦不能根据该工伤认定决定认定双方之间存在劳动关系。

### ◆ 第六十一条 劳动能力鉴定违法的责任

从事劳动能力鉴定的组织或者个人有下列情形之一的,由社会保险行政部门责令改正,处 2000 元以上 1 万元以下的罚款;情节严重,构成犯罪的,依法追究刑事责任:

(一)提供虚假鉴定意见的;
(二)提供虚假诊断证明的;
(三)收受当事人财物的。

---

① 参见江苏省淮安市中级人民法院(2010)淮中民终字第 0569 号民事判决书。

◆ **第六十二条　用人单位应参加而未参加工伤保险的责任**

用人单位依照本条例规定应当参加工伤保险而未参加的，由社会保险行政部门责令限期参加，补缴应当缴纳的工伤保险费，并自欠缴之日起，按日加收万分之五的滞纳金；逾期仍不缴纳的，处欠缴数额1倍以上3倍以下的罚款。

依照本条例规定应当参加工伤保险而未参加工伤保险的用人单位职工发生工伤的，由该用人单位按照本条例规定的工伤保险待遇项目和标准支付费用。

用人单位参加工伤保险并补缴应当缴纳的工伤保险费、滞纳金后，由工伤保险基金和用人单位依照本条例的规定支付新发生的费用。

### 实用问答

**本条中"新发生的费用"，是哪些费用？**

答：根据人力资源和社会保障部《关于执行〈工伤保险条例〉若干问题的意见（二）》第3条的规定，"新发生的费用"，是指用人单位参加工伤保险前发生工伤的职工，在参加工伤保险后新发生的费用。其中由工伤保险基金支付的费用，按不同情况予以处理：（1）因工受伤的，支付参保后新发生的工伤医疗费、工伤康复费、住院伙食补助费、统筹地区以外就医交通食宿费、辅助器具配置费、生活护理费、一级至四级伤残职工伤残津贴，以及参保后解除劳动合同时的一次性工伤医疗补助金。（2）因工死亡的，支付参保后新发生的符合条件的供养亲属抚恤金。

> 典型案例

### 安民重、兰自姣诉深圳市水湾远洋渔业
### 有限公司工伤保险待遇纠纷案①

**要旨：** 用人单位为职工购买商业性人身意外伤害保险的，不因此免除其为职工购买工伤保险的法定义务。职工获得用人单位为其购买的人身意外伤害保险赔付后，仍然有权向用人单位主张工伤保险待遇。

### 余某某因请求支付工伤保险待遇
### 诉江安县社保局行政给付案②

**要旨：** 工伤保险作为社会保障的重要组成部分，是受到职业伤害的劳动者获得医疗救治和经济补偿的重要途径。但在实践中，用人单位为了降低用工成本，不缴或者少缴工伤保险的情况屡见不鲜，严重影响了劳动者及时足额享受工伤保险待遇的合法权利。本案以案释法，明确用人单位未足额缴纳工伤保险费不是社保局拒绝先行支付工伤保险待遇的理由，劳动者一旦发生工伤事故，且用人单位无力支付工伤保险待遇的，社会保险经办机构就负有从工伤保险基金中向劳动者先行支付工伤保险待遇的义务。社会保险经办机构不履行法定给付义务的，劳动者有权依照《行政诉讼法》的规定向人民法院提起行政给

---

① 参见《中华人民共和国最高人民法院公报》2017 年第 12 期。
② 参见四川省宜宾市中级人民法院（2015）宜行终字第 36 号行政判决书。

付之诉。本案体现了对弱势群体的司法保护，同时提醒社会保险经办机构应严格履职并与有关单位配合，督促用人单位及时履行缴纳工伤保险的社会义务，确保工伤保险资金充足，以便更好地保护劳动者的合法权益。

◆ **第六十三条　用人单位不协助事故调查核实的责任**

用人单位违反本条例第十九条的规定，拒不协助社会保险行政部门对事故进行调查核实的，由社会保险行政部门责令改正，处2000元以上2万元以下的罚款。

# 第八章 附 则

◆ **第六十四条 术语解释**

本条例所称工资总额,是指用人单位直接支付给本单位全部职工的劳动报酬总额。

本条例所称本人工资,是指工伤职工因工作遭受事故伤害或者患职业病前12个月平均月缴费工资。本人工资高于统筹地区职工平均工资300%的,按照统筹地区职工平均工资的300%计算;本人工资低于统筹地区职工平均工资60%的,按照统筹地区职工平均工资的60%计算。

## 典型案例

### 伏恒生等诉连云港开发区华源市政园林工程公司工伤待遇赔偿纠纷案[①]

**要旨:** 未达到法定退休年龄的企业内退人员,在与原用人单位保留劳动关系的前提下,到另一单位从事劳动、接受管理的,劳动者与新用人单位之间的用工关系为劳动关系。劳动者在新用人单位工作期间发生工伤事

---

① 参见《中华人民共和国最高人民法院公报》2018年第3期。

故的，新用人单位是工伤保险责任的赔偿主体，应由其承担工伤待遇赔偿的各项义务。

◆ **第六十五条  公务员和参公事业单位、社会团体的工伤保险**

公务员和参照公务员法管理的事业单位、社会团体的工作人员因工作遭受事故伤害或者患职业病的，由所在单位支付费用。具体办法由国务院社会保险行政部门会同国务院财政部门规定。

◆ **第六十六条  非法用工单位的一次性赔偿**

无营业执照或者未经依法登记、备案的单位以及被依法吊销营业执照或者撤销登记、备案的单位的职工受到事故伤害或者患职业病的，由该单位向伤残职工或者死亡职工的近亲属给予一次性赔偿，赔偿标准不得低于本条例规定的工伤保险待遇；用人单位不得使用童工，用人单位使用童工造成童工伤残、死亡的，由该单位向童工或者童工的近亲属给予一次性赔偿，赔偿标准不得低于本条例规定的工伤保险待遇。具体办法由国务院社会保险行政部门规定。

前款规定的伤残职工或者死亡职工的近亲属就赔偿数额与单位发生争议的，以及前款规定的童工或者童工的近亲属就赔偿数额与单位发生争议的，按照处理劳动争议的有关规定处理。

**名词解释**

使用童工，是指招用不满16周岁的未成年人。

## 实用问答

**1. 一次性赔偿包括哪些费用?**

答:根据《非法用工单位伤亡人员一次性赔偿办法》第3条第1款的规定,一次性赔偿包括受到事故伤害或者患职业病的职工或童工在治疗期间的费用和一次性赔偿金。一次性赔偿金数额应当在受到事故伤害或者患职业病的职工或童工死亡或者经劳动能力鉴定后确定。

**2. 一次性赔偿金的支付标准是什么?**

答:根据《非法用工单位伤亡人员一次性赔偿办法》第5条的规定,一次性赔偿金按照以下标准支付:一级伤残的为赔偿基数的16倍,二级伤残的为赔偿基数的14倍,三级伤残的为赔偿基数的12倍,四级伤残的为赔偿基数的10倍,五级伤残的为赔偿基数的8倍,六级伤残的为赔偿基数的6倍,七级伤残的为赔偿基数的4倍,八级伤残的为赔偿基数的3倍,九级伤残的为赔偿基数的2倍,十级伤残的为赔偿基数的1倍。上述所称赔偿基数,是指单位所在工伤保险统筹地区上年度职工年平均工资。另外,根据《非法用工单位伤亡人员一次性赔偿办法》第6条的规定,受到事故伤害或者患职业病造成死亡的,按照上一年度全国城镇居民人均可支配收入的20倍支付一次性赔偿金,并按照上一年度全国城镇居民人均可支配收入的10倍一次性支付丧葬补助等其他赔偿金。

**3. 用人单位拒不支付一次性赔偿,应负怎样的法律责任?**

答:根据《非法用工单位伤亡人员一次性赔偿办法》第7条的规定,单位拒不支付一次性赔偿的,伤残职工或者死亡职工的近亲属、伤残童工或者死亡童工的近亲属可以向人力资源和社会保障行政部门举报。经查证属实的,人力资源和社会保障行政部门应当责令该单位限期改正。

◆ 第六十七条　施行时间与溯及力

本条例自 2004 年 1 月 1 日起施行。本条例施行前已受到事故伤害或者患职业病的职工尚未完成工伤认定的，按照本条例的规定执行。

### 实用问答

**本条中的"尚未完成工伤认定的"是指哪种情形？**

答：根据人力资源和社会保障部《关于执行〈工伤保险条例〉若干问题的意见（二）》第 9 条的规定，"尚未完成工伤认定的"是指在《工伤保险条例》施行前遭受事故伤害或被诊断鉴定为职业病，且在工伤认定申请法定时限内（从《工伤保险条例》施行之日起算）提出工伤认定申请，尚未做出工伤认定的情形。

# 工伤认定办法

- 2010年12月31日人力资源和社会保障部令第8号公布

- 自2011年1月1日起施行

◆ **第一条　《工伤认定办法》的立法目的和立法依据**

为规范工伤认定程序，依法进行工伤认定，维护当事人的合法权益，根据《工伤保险条例》的有关规定，制定本办法。

◆ **第二条　《工伤认定办法》的适用范围**

社会保险行政部门进行工伤认定按照本办法执行。

◆ **第三条　工伤认定的原则**

工伤认定应当客观公正、简捷方便，认定程序应当向社会公开。

◆ **第四条　单位提出工伤认定申请**

职工发生事故伤害或者按照职业病防治法规定被诊断、鉴定为职业病，所在单位应当自事故伤害发生之日或者被诊断、鉴定为职业病之日起30日内，向统筹地区社会保险行政部门提出工伤认定申请。遇有特殊情况，经报社会保险行政部门同意，申请时限可以适当延长。

按照前款规定应当向省级社会保险行政部门提出工伤认定申请的，根据属地原则应当向用人单位所在地设区的市级社会保险行政部门提出。

◆ **第五条　受伤害职工或者其近亲属、工会组织提出工伤认定申请**

用人单位未在规定的时限内提出工伤认定申请的，受伤害职工或者其近亲属、工会组织在事故伤害发生之日或者被诊断、鉴定为职业病之日起1年内，可以直接按照本办法第四条规定提出工伤认定申请。

### 实用问答

**工伤认定申请超过了申请时限的法律后果是什么？**

**答**：工伤认定申请超过了申请时限，社会保险行政部门将不予受理用人单位或者工伤职工的申请，从而无法获得工伤认定书，工伤职工也无法启动劳动能力鉴定部门的劳动能力鉴定，最终将无法获得工伤保险待遇。

> ◆ 第六条 提出工伤认定申请应提交的材料
>
> 提出工伤认定申请应当填写《工伤认定申请表》，并提交下列材料：
>
> （一）劳动、聘用合同文本复印件或者与用人单位存在劳动关系（包括事实劳动关系）、人事关系的其他证明材料；
>
> （二）医疗机构出具的受伤后诊断证明书或者职业病诊断证明书（或者职业病诊断鉴定书）。

### 典型案例

#### 王某先等人诉被告重庆市某区工伤保险管理所、第三人重庆某煤矿公司不履行行政给付义务案[①]

**要旨**：依据《工伤保险条例》的规定，工伤保险对象的范围是："中华人民共和国境内的企业、事业单位、社会团体、民办非企业单

---

① 参见《"用公开促公正 建设核心价值"主题教育活动合同纠纷典型案例》，载最高人民法院官网 2015 年 12 月 4 日，https：//www.court.gov.cn/zixun/xiangqing/16210.html。

位、基金会、律师事务所、会计师事务所等组织的职工和个体工商户的雇工，均有依照本条例的规定享受工伤保险待遇的权利"。

《工伤认定办法》同时规定，与用人单位存在劳动关系的证明材料包括事实劳动关系的证明材料。也就是说，工伤保险法律规定中的职工是指与用人单位存在劳动关系的各种劳动者，这其中当然包括事实劳动关系。本案中，陈某东虽然冒用他人身份，但与煤矿公司之间建立了事实劳动关系，属于《工伤保险条例》规定的法律意义上的职工，故其工伤死亡的情形符合工伤死亡保险待遇的范畴。

◆ **第七条　社会保险行政部门受理的条件**

工伤认定申请人提交的申请材料符合要求，属于社会保险行政部门管辖范围且在受理时限内的，社会保险行政部门应当受理。

◆ **第八条　社会保险行政部门作出受理或者不予受理的决定**

社会保险行政部门收到工伤认定申请后，应当在15日内对申请人提交的材料进行审核，材料完整的，作出受理或者不予受理的决定；材料不完整的，应当以书面形式一次性告知申请人需要补正的全部材料。社会保险行政部门收到申请人提交的全部补正材料后，应当在15日内作出受理或者不予受理的决定。

社会保险行政部门决定受理的，应当出具《工伤认定申请受理决定书》；决定不予受理的，应当出具《工伤认定申请不予受理决定书》。

◆ **第九条 社会保险行政部门对申请人提供的证据进行调查核实**

社会保险行政部门受理工伤认定申请后，可以根据需要对申请人提供的证据进行调查核实。

### 典型案例

## 铃王公司诉无锡市劳动局工伤认定决定行政纠纷案①

**要旨：**（1）在《工伤保险条例》施行前作出的工伤认定被人民法院判决撤销后，又在《工伤保险条例》施行后重新启动的工伤认定程序，应当执行《工伤保险条例》的规定。

（2）《工伤认定办法》中规定，工伤认定程序中的调查核实，可以由劳动保障行政部门根据需要进行。故调查核实不是每个工伤认定程序中必经的程序。在已经终结的工伤认定程序中，劳动保障行政部门如果已经掌握了有关职工受事故伤害的证据，在重新启动的工伤认定程序中可以不再进行调查核实。

（3）人民法院在行政诉讼中的任务，是审查被诉具体行政行为的合法性。人民法院只有了解被诉具体行政行为据以作出的事实和证据，才可能对被诉具体行政行为是否具有合法性作出正确评价。

---

① 参见《中华人民共和国最高人民法院公报》2007年第1期。

◆ **第十条　调查核实应由两名以上工作人员共同进行**

社会保险行政部门进行调查核实，应当由两名以上工作人员共同进行，并出示执行公务的证件。

◆ **第十一条　社会保险行政部门工作人员的调查核实工作**

社会保险行政部门工作人员在工伤认定中，可以进行以下调查核实工作：

（一）根据工作需要，进入有关单位和事故现场；

（二）依法查阅与工伤认定有关的资料，询问有关人员并作出调查笔录；

（三）记录、录音、录像和复制与工伤认定有关的资料。调查核实工作的证据收集参照行政诉讼证据收集的有关规定执行。

## 实用问答

**1. 社会保险行政部门在什么情况下应当进入事故现场进行调查核实？**

答：一般来说，工伤案件有下列情形之一的，社会保险行政部门应当进入事故现场进行调查核实：（1）事故职工死亡的；（2）经补充证据后仍事实不清、证据不足的；（3）工伤认定申请系由工伤职工、近亲属或工会组织一方提出，且与用人单位存在较大争议的；（4）经书面审核认为存在较大疑点的。

**2. 社会保险行政部门工作人员可以调取的证据有哪些？**

答：证据收集过程中，社会保险行政部门工作人员根据需要，可以调取以下证据：（1）与案件有关的书证、物证；（2）当事人对事实经过的陈述；（3）事故调查报告；（4）证人证言；（5）现场勘验记录；（6）权威机构对伤亡事故的结论性意见；（7）与伤亡事故有关的音像图文资料；（8）其他与伤亡事故有关的证明材料。

◆ **第十二条　有关单位和个人应当予以协助、配合调查核实**

社会保险行政部门工作人员进行调查核实时，有关单位和个人应当予以协助。用人单位、工会组织、医疗机构以及有关部门应当负责安排相关人员配合工作，据实提供情况和证明材料。

### 实用问答

**承担协助义务的主体是哪些有关单位和个人？**

答：这里的"单位"包括用人单位、工会组织、医疗机构和有关部门，其中"有关部门"包括公安部门、公安交通管理部门、人民法院、民政部门等。这里的"个人"包括工伤职工及其近亲属、工伤事故的其他当事人、用人单位的负责人及其他工作人员、有关证人等。

◆ **第十三条　职业病诊断证明书或者职业病诊断鉴定书**

社会保险行政部门在进行工伤认定时，对申请人提供的符合国家有关规定的职业病诊断证明书或者职业病诊断鉴定书，不再进行调查核实。职业病诊断证明书或者职业病诊断鉴定书不符合国家规定的要求和格式的，社会保险行政部门可以要求出具证据部门重新提供。

◆ **第十四条 委托其他统筹地区的社会保险行政部门或者相关部门进行调查核实**

社会保险行政部门受理工伤认定申请后，可以根据工作需要，委托其他统筹地区的社会保险行政部门或者相关部门进行调查核实。

◆ **第十五条 社会保险行政部门工作人员进行调查核实应当履行的义务**

社会保险行政部门工作人员进行调查核实时，应当履行下列义务：
（一）保守有关单位商业秘密以及个人隐私；
（二）为提供情况的有关人员保密。

📝 **名词解释**

**商业秘密**，是指技术秘密、商业情报及信息等，主要包括生产工艺、产品配方、贸易联系、购销渠道等当事人不愿公开的商业秘密。

**个人隐私**，是指自然人所拥有的与公共利益、群体利益无关的个人信息、私人活动和私有领域。

◆ **第十六条 回避**

社会保险行政部门工作人员与工伤认定申请人有利害关系的，应当回避。

◆ **第十七条 举证责任**

职工或者其近亲属认为是工伤，用人单位不认为是工伤的，由该用人单位承担举证责任。用人单位拒不举证的，社会保险行政部门可以根据受伤害职工提供的证据或者调查取得的证据，依法作出工伤认定决定。

◆ **第十八条 社会保险行政部门作出工伤认定的时限**

社会保险行政部门应当自受理工伤认定申请之日起60日内作出工伤认定决定，出具《认定工伤决定书》或者《不予认定工伤决定书》。

## 实用问答

**在哪些情况下，社会保险行政部门应当认定为工伤，并出具《认定工伤决定书》？**

答：职工有下列情形之一的，社会保险行政部门应当认定为工伤，出具《认定工伤决定书》：（1）在工作时间和工作场所内，因工作原因受到事故伤害的；（2）工作时间前后在工作场所内，从事与工作有关的预备性或者收尾性工作受到事故伤害的；（3）在工作时间和工作场所内，因履行工作职责受到暴力等意外伤害的；（4）患职业病的；（5）因工外出期间，由于工作原因受到伤害或者发生事故下落不明的；（6）在上下班途中，受到非本人主要责任的交通事故或者城市轨道交通、客运轮渡、火车事故伤害的；（7）法律、行政法规规定应当认定为工伤的其他情形。

另外，职工有下列情形之一的，视同工伤，社会保险行政部门同样应当出具《认定工伤决定书》：（1）在工作时间和工作岗位，突发疾病死亡或者在48小时之内经抢救无效死亡的；（2）在抢险救灾等维护国家利益、公共利益活动中受到伤害的；（3）职工原在军队服役，因战、因公负伤致残，已取得革命伤残军人证，到用人单位后旧伤复发的。

◆ **第十九条　《认定工伤决定书》应列明的事项**

《认定工伤决定书》应当载明下列事项：

（一）用人单位全称；

（二）职工的姓名、性别、年龄、职业、身份证号码；

（三）受伤害部位、事故时间和诊断时间或职业病名称、受伤害经过和核实情况、医疗救治的基本情况和诊断结论；

（四）认定工伤或者视同工伤的依据；

（五）不服认定决定申请行政复议或者提起行政诉讼的部门和时限；

（六）作出认定工伤或者视同工伤决定的时间。

《不予认定工伤决定书》应当载明下列事项：

（一）用人单位全称；

（二）职工的姓名、性别、年龄、职业、身份证号码；

（三）不予认定工伤或者不视同工伤的依据；

（四）不服认定决定申请行政复议或者提起行政诉讼的部门和时限；

（五）作出不予认定工伤或者不视同工伤决定的时间。

《认定工伤决定书》和《不予认定工伤决定书》应当加盖社会保险行政部门工伤认定专用印章。

◆ **第二十条　工伤认定时限的中止**

社会保险行政部门受理工伤认定申请后，作出工伤认定决定需要以司法机关或者有关行政主管部门的结论为依据的，在司法机关或者有关行政主管部门尚未作出结论期间，作出工伤认定决定的<u>时限中止</u>，并书面通知申请人。

## 实用问答

**社会保险行政部门受理工伤认定申请后，发现劳动关系存在争议且无法确认的，应如何处理？**

**答：**根据人力资源和社会保障部《关于执行〈工伤保险条例〉若干问题的意见》第5条规定，社会保险行政部门受理工伤认定申请后，发现劳动关系存在争议且无法确认的，应告知当事人可以向劳动人事争议仲裁委员会申请仲裁。在此期间，作出工伤认定决定的时限中止，并书面通知申请工伤认定的当事人。劳动关系依法确认后，当事人应将有关法律文书送交受理工伤认定申请的社会保险行政部门，该部门自收到生效法律文书之日起恢复工伤认定程序。

◆ **第二十一条　工伤认定简易程序**

社会保险行政部门对于事实清楚、权利义务明确的工伤认定申请，应当<u>自受理工伤认定申请之日起15日内作出工伤认定决定</u>。

## 实用问答

**什么情况下可以适用工伤认定简易程序？**

**答：**适用工伤认定简易程序一般应当同时符合以下几个条件：（1）申请人为受伤害职工所在的用人单位，双方对认定工伤没有争议；（2）用人单位已参加工伤保险并为职工按时足额缴纳工伤保险费；（3）申请材料齐全、事实比较清楚，职工受到的伤害符合《工伤保险条例》第14～15条规定的认定工伤或者视同工伤的情形之一，属于工伤认定范围；（4）职工受伤害部位明显，医疗诊断证明无争议。

◆ **第二十二条 工伤认定决定的送达**

社会保险行政部门应当自工伤认定决定作出之日起20日内，将《认定工伤决定书》或者《不予认定工伤决定书》送达受伤害职工（或者其近亲属）和用人单位，并抄送社会保险经办机构。

《认定工伤决定书》和《不予认定工伤决定书》的送达参照民事法律有关送达的规定执行。

## 实用问答

**工伤认定决定的送达方式有哪些？**

**答：**工伤认定决定应当直接送交受送达人。直接送达有困难的，可以采取邮寄送达、留置送达、公告送达等方式送达：（1）邮寄送达的，应当在案卷中留存邮寄回执，以回执上注明的收件日期为送达日期。（2）留置送达的，应当在送达回证上记明当事人拒收事由和日期，由送达人、见证人签名或者盖章，把工伤认定决定留在受送达人的住所，即视为送达。（3）公告送达的，自发出公告之日起，经过30日，即视为送达。公告送达应当在案卷中留存公告送达的资料，并记明原因和经过。

> ◆ **第二十三条 工伤认定行政争议处理**
>
> 职工或者其近亲属、用人单位对<u>不予受理决定不服或者对工伤认定决定不服</u>的，可以依法申请行政复议或者提起行政诉讼。

### 实用问答

**1. 职工或者其近亲属、用人单位对社会保险行政部门的具体行政行为不服的，可以向哪些部门提起行政复议？**

**答**：根据《行政复议法》的有关规定，职工或者其近亲属、用人单位对社会保险行政部门的具体行政行为不服的，可以向本级人民政府或者上一级社会保险行政部门申请行政复议。

**2. 行政复议的申请期限是多久？**

**答**：根据《行政复议法》第9条的规定，公民、法人或者其他组织认为具体行政行为侵犯其合法权益的，可以自知道该具体行政行为之日起60日内提出行政复议；但是法律规定的申请期限超过60日的除外。因不可抗力或者其他正当理由耽误法定申请期限的，申请期限自障碍消除之日起继续计算。

**3. 行政复议申请人对行政复议决定不服的，可以提起行政诉讼吗？**

**答**：根据《行政诉讼法》的规定，行政复议申请人对行政复议决定不服的，可以在收到复议决定书之日起15日内向人民法院起诉。

**4. 申请人逾期不提起行政诉讼又不履行行政复议决定的法律后果是什么？**

**答**：根据《行政复议法》的规定，申请人逾期不起诉又不履行行政复议决定的，由复议机关或者作出具体行政行为的社会保险行政部门依法强制执行或者申请人民法院强制执行。

◆ **第二十四条 工伤认定的有关资料保存期限**

工伤认定结束后，社会保险行政部门应当将工伤认定的有关资料保存50年。

**实用问答**

**工伤认定的哪些有关资料应当保存？**

**答**：对于工伤认定的下列有关资料，应予保存：（1）《工伤认定申请表》；（2）工伤认定申请材料；（3）用人单位提交的举证材料；（4）社会保险行政部门调查取得的证据材料；（5）工伤认定补正材料通知书、受理通知书（不予受理通知书）、中止（恢复）通知书、限期举证通知书等程序性文书及送达回证；（6）《认定工伤决定书》《不予认定工伤决定书》及送达回证；（7）工伤认定中形成的电子文件、音像资料；（8）其他需要存档备查的材料。

◆ **第二十五条 用人单位拒不协助社会保险行政部门对事故伤害进行调查核实的法律责任**

用人单位拒不协助社会保险行政部门对事故伤害进行调查核实的，由社会保险行政部门责令改正，处2000元以上2万元以下的罚款。

◆ **第二十六条　工伤认定文书样式统一制定**

本办法中的《工伤认定申请表》、《工伤认定申请受理决定书》、《工伤认定申请不予受理决定书》、《认定工伤决定书》、《不予认定工伤决定书》的样式由国务院社会保险行政部门统一制定。

◆ **第二十七条　施行日期**

本办法自2011年1月1日起施行。劳动和社会保障部2003年9月23日颁布的《工伤认定办法》同时废止。

# 附录

## 中华人民共和国社会保险法（节录）

（2010年10月28日第十一届全国人民代表大会常务委员会第十七次会议通过 根据2018年12月29日第十三届全国人民代表大会常务委员会第七次会议《关于修改〈中华人民共和国社会保险法〉的决定》修正）

### 第一章 总 则

**第一条** 【立法目的】为了规范社会保险关系，维护公民参加社会保险和享受社会保险待遇的合法权益，使公民共享发展成果，促进社会和谐稳定，根据宪法，制定本法。

**第二条** 【社会保险制度与权利】国家建立基本养老保险、基本医疗保险、工伤保险、失业保险、生育保险等社会保险制度，保障公民在年老、疾病、工伤、失业、生育等情况下依法从国家和社会获得物质帮助的权利。

**第三条** 【制度方针】社会保险制度坚持广覆盖、保基本、多层次、可持续的方针，社会保险水平应当与经济社会发展水平相适应。

**第四条** 【权利和义务】中华人民共和国境内的用人单位和个人依法缴纳社会保险费，有权查询缴费记录、个人权益记录，要求社会保险经办机构提供社会保险咨询等相关服务。

个人依法享受社会保险待遇，有权监督本单位为其缴费情况。

**第五条** 【财政保障】县级以上人民政府将社会保险事业纳入

国民经济和社会发展规划。

国家多渠道筹集社会保险资金。县级以上人民政府对社会保险事业给予必要的经费支持。

国家通过税收优惠政策支持社会保险事业。

**第六条** 【社保基金监督管理】国家对社会保险基金实行严格监管。

国务院和省、自治区、直辖市人民政府建立健全社会保险基金监督管理制度，保障社会保险基金安全、有效运行。

县级以上人民政府采取措施，鼓励和支持社会各方面参与社会保险基金的监督。

**第七条** 【职责分工】国务院社会保险行政部门负责全国的社会保险管理工作，国务院其他有关部门在各自的职责范围内负责有关的社会保险工作。

县级以上地方人民政府社会保险行政部门负责本行政区域的社会保险管理工作，县级以上地方人民政府其他有关部门在各自的职责范围内负责有关的社会保险工作。

**第八条** 【经办机构职责】社会保险经办机构提供社会保险服务，负责社会保险登记、个人权益记录、社会保险待遇支付等工作。

**第九条** 【工会职责】工会依法维护职工的合法权益，有权参与社会保险重大事项的研究，参加社会保险监督委员会，对与职工社会保险权益有关的事项进行监督。

## 第四章 工 伤 保 险

**第三十三条** 【参保范围和缴费主体】职工应当参加工伤保险，由用人单位缴纳工伤保险费，职工不缴纳工伤保险费。

**第三十四条** 【费率确定】国家根据不同行业的工伤风险程度

确定行业的差别费率，并根据使用工伤保险基金、工伤发生率等情况在每个行业内确定费率档次。行业差别费率和行业内费率档次由国务院社会保险行政部门制定，报国务院批准后公布施行。

社会保险经办机构根据用人单位使用工伤保险基金、工伤发生率和所属行业费率档次等情况，确定用人单位缴费费率。

第三十五条 【工伤保险费缴纳数额】用人单位应当按照本单位职工工资总额，根据社会保险经办机构确定的费率缴纳工伤保险费。

第三十六条 【享受工伤保险待遇的条件】职工因工作原因受到事故伤害或者患职业病，且经工伤认定的，享受工伤保险待遇；其中，经劳动能力鉴定丧失劳动能力的，享受伤残待遇。

工伤认定和劳动能力鉴定应当简捷、方便。

第三十七条 【不认定为工伤的情形】职工因下列情形之一导致本人在工作中伤亡的，不认定为工伤：

（一）故意犯罪；

（二）醉酒或者吸毒；

（三）自残或者自杀；

（四）法律、行政法规规定的其他情形。

第三十八条 【工伤保险基金支付的待遇】因工伤发生的下列费用，按照国家规定从工伤保险基金中支付：

（一）治疗工伤的医疗费用和康复费用；

（二）住院伙食补助费；

（三）到统筹地区以外就医的交通食宿费；

（四）安装配置伤残辅助器具所需费用；

（五）生活不能自理的，经劳动能力鉴定委员会确认的生活护理费；

（六）一次性伤残补助金和一至四级伤残职工按月领取的伤残津贴；

（七）终止或者解除劳动合同时，应当享受的一次性医疗补助金；

（八）因工死亡的，其遗属领取的丧葬补助金、供养亲属抚恤金和因工死亡补助金；

（九）劳动能力鉴定费。

第三十九条 【用人单位支付的待遇】因工伤发生的下列费用，按照国家规定由用人单位支付：

（一）治疗工伤期间的工资福利；

（二）五级、六级伤残职工按月领取的伤残津贴；

（三）终止或者解除劳动合同时，应当享受的一次性伤残就业补助金。

第四十条 【与职工基本养老保险的衔接】工伤职工符合领取基本养老金条件的，停发伤残津贴，享受基本养老保险待遇。基本养老保险待遇低于伤残津贴的，从工伤保险基金中补足差额。

第四十一条 【单位未缴费的工伤处理】职工所在用人单位未依法缴纳工伤保险费，发生工伤事故的，由用人单位支付工伤保险待遇。用人单位不支付的，从工伤保险基金中先行支付。

从工伤保险基金中先行支付的工伤保险待遇应当由用人单位偿还。用人单位不偿还的，社会保险经办机构可以依照本法第六十三条的规定追偿。

第四十二条 【第三人造成工伤的处理】由于第三人的原因造成工伤，第三人不支付工伤医疗费用或者无法确定第三人的，由工伤保险基金先行支付。工伤保险基金先行支付后，有权向第三人追偿。

**第四十三条** 【停止享受待遇的情形】工伤职工有下列情形之一的,停止享受工伤保险待遇:

(一)丧失享受待遇条件的;
(二)拒不接受劳动能力鉴定的;
(三)拒绝治疗的。

## 第七章 社会保险费征缴

**第五十七条** 【社会保险登记要求】用人单位应当自成立之日起三十日内凭营业执照、登记证书或者单位印章,向当地社会保险经办机构申请办理社会保险登记。社会保险经办机构应当自收到申请之日起十五日内予以审核,发给社会保险登记证件。

用人单位的社会保险登记事项发生变更或者用人单位依法终止的,应当自变更或者终止之日起三十日内,到社会保险经办机构办理变更或者注销社会保险登记。

市场监督管理部门、民政部门和机构编制管理机关应当及时向社会保险经办机构通报用人单位的成立、终止情况,公安机关应当及时向社会保险经办机构通报个人的出生、死亡以及户口登记、迁移、注销等情况。

**第五十八条** 【办理社会保险登记的不同情形】用人单位应当自用工之日起三十日内为其职工向社会保险经办机构申请办理社会保险登记。未办理社会保险登记的,由社会保险经办机构核定其应当缴纳的社会保险费。

自愿参加社会保险的无雇工的个体工商户、未在用人单位参加社会保险的非全日制从业人员以及其他灵活就业人员,应当向社会保险经办机构申请办理社会保险登记。

国家建立全国统一的个人社会保障号码。个人社会保障号码为公民身份号码。

**第五十九条 【社会保险费征收】**县级以上人民政府加强社会保险费的征收工作。

社会保险费实行统一征收,实施步骤和具体办法由国务院规定。

**第六十条 【社会保险费的缴纳】**用人单位应当自行申报、按时足额缴纳社会保险费,非因不可抗力等法定事由不得缓缴、减免。职工应当缴纳的社会保险费由用人单位代扣代缴,用人单位应当按月将缴纳社会保险费的明细情况告知本人。

无雇工的个体工商户、未在用人单位参加社会保险的非全日制从业人员以及其他灵活就业人员,可以直接向社会保险费征收机构缴纳社会保险费。

**第六十一条 【按时足额征收】**社会保险费征收机构应当依法按时足额征收社会保险费,并将缴费情况定期告知用人单位和个人。

**第六十二条 【社会保险费的核定】**用人单位未按规定申报应当缴纳的社会保险费数额的,按照该单位上月缴费额的百分之一百一十确定应当缴纳数额;缴费单位补办申报手续后,由社会保险费征收机构按照规定结算。

**第六十三条 【未按时足额缴纳的行政处理】**用人单位未按时足额缴纳社会保险费的,由社会保险费征收机构责令其限期缴纳或者补足。

用人单位逾期仍未缴纳或者补足社会保险费的,社会保险费征收机构可以向银行和其他金融机构查询其存款账户;并可以申请县级以上有关行政部门作出划拨社会保险费的决定,书面通知其开户银行或者其他金融机构划拨社会保险费。用人单位账户余额少于应当缴纳的社会保险费的,社会保险费征收机构可以要求该用人单位提供担保,签订延期缴费协议。

用人单位未足额缴纳社会保险费且未提供担保的,社会保险费征收机构可以申请人民法院扣押、查封、拍卖其价值相当于应当缴纳社会保险费的财产,以拍卖所得抵缴社会保险费。

## 第八章 社会保险基金

**第六十四条** 【基金财务管理和统筹层次】社会保险基金包括基本养老保险基金、基本医疗保险基金、工伤保险基金、失业保险基金和生育保险基金。除基本医疗保险基金与生育保险基金合并建账及核算外,其他各项社会保险基金按照社会保险险种分别建账,分账核算。社会保险基金执行国家统一的会计制度。

社会保险基金专款专用,任何组织和个人不得侵占或者挪用。

基本养老保险基金逐步实行全国统筹,其他社会保险基金逐步实行省级统筹,具体时间、步骤由国务院规定。

**第六十五条** 【基金的收支平衡和政府责任】社会保险基金通过预算实现收支平衡。

县级以上人民政府在社会保险基金出现支付不足时,给予补贴。

**第六十六条** 【基金预算】社会保险基金按照统筹层次设立预算。除基本医疗保险基金与生育保险基金预算合并编制外,其他社会保险基金预算按照社会保险项目分别编制。

**第六十七条** 【基金预算、决算程序】社会保险基金预算、决算草案的编制、审核和批准,依照法律和国务院规定执行。

**第六十八条** 【基金存入财政专户】社会保险基金存入财政专户,具体管理办法由国务院规定。

**第六十九条** 【基金的保值增值】社会保险基金在保证安全的前提下,按照国务院规定投资运营实现保值增值。

社会保险基金不得违规投资运营,不得用于平衡其他政府预算,不得用于兴建、改建办公场所和支付人员经费、运行费用、管理费用，或者违反法律、行政法规规定挪作其他用途。

**第七十条　【基金信息公开】**社会保险经办机构应当定期向社会公布参加社会保险情况以及社会保险基金的收入、支出、结余和收益情况。

**第七十一条　【全国社会保障基金】**国家设立全国社会保障基金，由中央财政预算拨款以及国务院批准的其他方式筹集的资金构成，用于社会保障支出的补充、调剂。全国社会保障基金由全国社会保障基金管理运营机构负责管理运营，在保证安全的前提下实现保值增值。

全国社会保障基金应当定期向社会公布收支、管理和投资运营的情况。国务院财政部门、社会保险行政部门、审计机关对全国社会保障基金的收支、管理和投资运营情况实施监督。

## 第九章　社会保险经办

**第七十二条　【经办机构的设立和经费保障】**统筹地区设立社会保险经办机构。社会保险经办机构根据工作需要，经所在地的社会保险行政部门和机构编制管理机关批准，可以在本统筹地区设立分支机构和服务网点。

社会保险经办机构的人员经费和经办社会保险发生的基本运行费用、管理费用，由同级财政按照国家规定予以保障。

**第七十三条　【经办机构的管理制度和职责】**社会保险经办机构应当建立健全业务、财务、安全和风险管理制度。

社会保险经办机构应当按时足额支付社会保险待遇。

**第七十四条　【经办机构权利义务】**社会保险经办机构通过业务经办、统计、调查获取社会保险工作所需的数据，有关单位和个人应当及时、如实提供。

社会保险经办机构应当及时为用人单位建立档案，完整、准确地记录参加社会保险的人员、缴费等社会保险数据，妥善保管登记、申报的原始凭证和支付结算的会计凭证。

社会保险经办机构应当及时、完整、准确地记录参加社会保险的个人缴费和用人单位为其缴费，以及享受社会保险待遇等个人权益记录，定期将个人权益记录单免费寄送本人。

用人单位和个人可以免费向社会保险经办机构查询、核对其缴费和享受社会保险待遇记录，要求社会保险经办机构提供社会保险咨询等相关服务。

第七十五条　【信息系统建设】全国社会保险信息系统按照国家统一规划，由县级以上人民政府按照分级负责的原则共同建设。

## 第十章　社会保险监督

第七十六条　【人大常委会监督】各级人民代表大会常务委员会听取和审议本级人民政府对社会保险基金的收支、管理、投资运营以及监督检查情况的专项工作报告，组织对本法实施情况的执法检查等，依法行使监督职权。

第七十七条　【社会保险行政部门监督】县级以上人民政府社会保险行政部门应当加强对用人单位和个人遵守社会保险法律、法规情况的监督检查。

社会保险行政部门实施监督检查时，被检查的用人单位和个人应当如实提供与社会保险有关的资料，不得拒绝检查或者谎报、瞒报。

第七十八条　【财政部门、审计机关的监督】财政部门、审计机关按照各自职责，对社会保险基金的收支、管理和投资运营情况实施监督。

**第七十九条** 【社会保险行政部门的职责】社会保险行政部门对社会保险基金的收支、管理和投资运营情况进行监督检查，发现存在问题的，应当提出整改建议，依法作出处理决定或者向有关行政部门提出处理建议。社会保险基金检查结果应当定期向社会公布。

社会保险行政部门对社会保险基金实施监督检查，有权采取下列措施：

（一）查阅、记录、复制与社会保险基金收支、管理和投资运营相关的资料，对可能被转移、隐匿或者灭失的资料予以封存；

（二）询问与调查事项有关的单位和个人，要求其对与调查事项有关的问题作出说明、提供有关证明材料；

（三）对隐匿、转移、侵占、挪用社会保险基金的行为予以制止并责令改正。

**第八十条** 【社会保险监督委员会的监督】统筹地区人民政府成立由用人单位代表、参保人员代表，以及工会代表、专家等组成的社会保险监督委员会，掌握、分析社会保险基金的收支、管理和投资运营情况，对社会保险工作提出咨询意见和建议，实施社会监督。

社会保险经办机构应当定期向社会保险监督委员会汇报社会保险基金的收支、管理和投资运营情况。社会保险监督委员会可以聘请会计师事务所对社会保险基金的收支、管理和投资运营情况进行年度审计和专项审计。审计结果应当向社会公开。

社会保险监督委员会发现社会保险基金收支、管理和投资运营中存在问题的，有权提出改正建议；对社会保险经办机构及其工作人员的违法行为，有权向有关部门提出依法处理建议。

**第八十一条** 【信息保密责任】社会保险行政部门和其他有关

行政部门、社会保险经办机构、社会保险费征收机构及其工作人员，应当依法为用人单位和个人的信息保密，不得以任何形式泄露。

**第八十二条　【对违法行为的举报、投诉】**任何组织或者个人有权对违反社会保险法律、法规的行为进行举报、投诉。

社会保险行政部门、卫生行政部门、社会保险经办机构、社会保险费征收机构和财政部门、审计机关对属于本部门、本机构职责范围的举报、投诉，应当依法处理；对不属于本部门、本机构职责范围的，应当书面通知并移交有权处理的部门、机构处理。有权处理的部门、机构应当及时处理，不得推诿。

**第八十三条　【救济途径】**用人单位或者个人认为社会保险费征收机构的行为侵害自己合法权益的，可以依法申请行政复议或者提起行政诉讼。

用人单位或者个人对社会保险经办机构不依法办理社会保险登记、核定社会保险费、支付社会保险待遇、办理社会保险转移接续手续或者侵害其他社会保险权益的行为，可以依法申请行政复议或者提起行政诉讼。

个人与所在用人单位发生社会保险争议的，可以依法申请调解、仲裁，提起诉讼。用人单位侵害个人社会保险权益的，个人也可以要求社会保险行政部门或者社会保险费征收机构依法处理。

## 第十一章　法　律　责　任

**第八十四条　【不办理登记的责任】**用人单位不办理社会保险登记的，由社会保险行政部门责令限期改正；逾期不改正的，对用人单位处应缴社会保险费数额一倍以上三倍以下的罚款，对其直接负责的主管人员和其他直接责任人员处五百元以上三千元以下的罚款。

第八十五条 【不出具证明的责任】用人单位拒不出具终止或者解除劳动关系证明的,依照《中华人民共和国劳动合同法》的规定处理。

第八十六条 【未按时足额缴费的责任】用人单位未按时足额缴纳社会保险费的,由社会保险费征收机构责令限期缴纳或者补足,并自欠缴之日起,按日加收万分之五的滞纳金;逾期仍不缴纳的,由有关行政部门处欠缴数额一倍以上三倍以下的罚款。

第八十七条 【骗取基金支出的责任】社会保险经办机构以及医疗机构、药品经营单位等社会保险服务机构以欺诈、伪造证明材料或者其他手段骗取社会保险基金支出的,由社会保险行政部门责令退回骗取的社会保险金,处骗取金额二倍以上五倍以下的罚款;属于社会保险服务机构的,解除服务协议;直接负责的主管人员和其他直接责任人员有执业资格的,依法吊销其执业资格。

第八十八条 【骗取保险待遇的责任】以欺诈、伪造证明材料或者其他手段骗取社会保险待遇的,由社会保险行政部门责令退回骗取的社会保险金,处骗取金额二倍以上五倍以下的罚款。

第八十九条 【经办机构的责任】社会保险经办机构及其工作人员有下列行为之一的,由社会保险行政部门责令改正;给社会保险基金、用人单位或者个人造成损失的,依法承担赔偿责任;对直接负责的主管人员和其他直接责任人员依法给予处分:

(一)未履行社会保险法定职责的;

(二)未将社会保险基金存入财政专户的;

(三)克扣或者拒不按时支付社会保险待遇的;

(四)丢失或者篡改缴费记录、享受社会保险待遇记录等社会保险数据、个人权益记录的;

(五)有违反社会保险法律、法规的其他行为的。

第九十条 【社会保险费征收机构的责任】社会保险费征收机构擅自更改社会保险费缴费基数、费率，导致少收或者多收社会保险费的，由有关行政部门责令其追缴应当缴纳的社会保险费或者退还不应当缴纳的社会保险费；对直接负责的主管人员和其他直接责任人员依法给予处分。

第九十一条 【侵占、挪用基金的责任】违反本法规定，隐匿、转移、侵占、挪用社会保险基金或者违规投资运营的，由社会保险行政部门、财政部门、审计机关责令追回；有违法所得的，没收违法所得；对直接负责的主管人员和其他直接责任人员依法给予处分。

第九十二条 【泄露信息的责任】社会保险行政部门和其他有关行政部门、社会保险经办机构、社会保险费征收机构及其工作人员泄露用人单位和个人信息的，对直接负责的主管人员和其他直接责任人员依法给予处分；给用人单位或者个人造成损失的，应当承担赔偿责任。

第九十三条 【国家工作人员的行政处分责任】国家工作人员在社会保险管理、监督工作中滥用职权、玩忽职守、徇私舞弊的，依法给予处分。

第九十四条 【刑事责任】违反本法规定，构成犯罪的，依法追究刑事责任。

## 第十二章 附　　则

第九十五条 【进城务工农村居民的社会保险】进城务工的农村居民依照本法规定参加社会保险。

第九十六条 【被征地农民的社会保险】征收农村集体所有的土地，应当足额安排被征地农民的社会保险费，按照国务院规定将被征地农民纳入相应的社会保险制度。

第九十七条 【外国人参加社会保险】外国人在中国境内就业的,参照本法规定参加社会保险。

第九十八条 【施行日期】本法自2011年7月1日起施行。

# 中华人民共和国劳动争议调解仲裁法

(2007年12月29日第十届全国人民代表大会常务委员会第三十一次会议通过 2007年12月29日中华人民共和国主席令第80号公布 自2008年5月1日起施行)

## 目 录

第一章 总 则
第二章 调 解
第三章 仲 裁
　第一节 一般规定
　第二节 申请和受理
　第三节 开庭和裁决
第四章 附 则

## 第一章 总 则

第一条 【立法目的】为了公正及时解决劳动争议,保护当事人合法权益,促进劳动关系和谐稳定,制定本法。

第二条 【调整范围】中华人民共和国境内的用人单位与劳动者发生的下列劳动争议,适用本法:

(一)因确认劳动关系发生的争议;

（二）因订立、履行、变更、解除和终止劳动合同发生的争议；

（三）因除名、辞退和辞职、离职发生的争议；

（四）因工作时间、休息休假、社会保险、福利、培训以及劳动保护发生的争议；

（五）因劳动报酬、工伤医疗费、经济补偿或者赔偿金等发生的争议；

（六）法律、法规规定的其他劳动争议。

第三条　【劳动争议处理的原则】解决劳动争议，应当根据事实，遵循合法、公正、及时、着重调解的原则，依法保护当事人的合法权益。

第四条　【劳动争议当事人的协商和解】发生劳动争议，劳动者可以与用人单位协商，也可以请工会或者第三方共同与用人单位协商，达成和解协议。

第五条　【劳动争议处理的基本程序】发生劳动争议，当事人不愿协商、协商不成或者达成和解协议后不履行的，可以向调解组织申请调解；不愿调解、调解不成或者达成调解协议后不履行的，可以向劳动争议仲裁委员会申请仲裁；对仲裁裁决不服的，除本法另有规定的外，可以向人民法院提起诉讼。

第六条　【举证责任】发生劳动争议，当事人对自己提出的主张，有责任提供证据。与争议事项有关的证据属于用人单位掌握管理的，用人单位应当提供；用人单位不提供的，应当承担不利后果。

第七条　【劳动争议处理的代表人制度】发生劳动争议的劳动者一方在十人以上，并有共同请求的，可以推举代表参加调解、仲裁或者诉讼活动。

第八条　【劳动争议处理的协调劳动关系三方机制】县级以上人民政府劳动行政部门会同工会和企业方面代表建立协调劳动关系

三方机制,共同研究解决劳动争议的重大问题。

**第九条** 【劳动监察】用人单位违反国家规定,拖欠或者未足额支付劳动报酬,或者拖欠工伤医疗费、经济补偿或者赔偿金的,劳动者可以向劳动行政部门投诉,劳动行政部门应当依法处理。

## 第二章 调 解

**第十条** 【调解组织】发生劳动争议,当事人可以到下列调解组织申请调解:

(一)企业劳动争议调解委员会;

(二)依法设立的基层人民调解组织;

(三)在乡镇、街道设立的具有劳动争议调解职能的组织。

企业劳动争议调解委员会由职工代表和企业代表组成。职工代表由工会成员担任或者由全体职工推举产生,企业代表由企业负责人指定。企业劳动争议调解委员会主任由工会成员或者双方推举的人员担任。

**第十一条** 【担任调解员的条件】劳动争议调解组织的调解员应当由公道正派、联系群众、热心调解工作,并具有一定法律知识、政策水平和文化水平的成年公民担任。

**第十二条** 【调解申请】当事人申请劳动争议调解可以书面申请,也可以口头申请。口头申请的,调解组织应当当场记录申请人基本情况、申请调解的争议事项、理由和时间。

**第十三条** 【调解方式】调解劳动争议,应当充分听取双方当事人对事实和理由的陈述,耐心疏导,帮助其达成协议。

**第十四条** 【调解协议】经调解达成协议的,应当制作调解协议书。

调解协议书由双方当事人签名或者盖章,经调解员签名并加盖调解组织印章后生效，对双方当事人具有约束力，当事人应当履行。

自劳动争议调解组织收到调解申请之日起十五日内未达成调解协议的，当事人可以依法申请仲裁。

第十五条 【申请仲裁】达成调解协议后，一方当事人在协议约定期限内不履行调解协议的，另一方当事人可以依法申请仲裁。

第十六条 【支付令】因支付拖欠劳动报酬、工伤医疗费、经济补偿或者赔偿金事项达成调解协议，用人单位在协议约定期限内不履行的，劳动者可以持调解协议书依法向人民法院申请支付令。人民法院应当依法发出支付令。

## 第三章 仲　　裁

### 第一节　一般规定

第十七条 【劳动争议仲裁委员会设立】劳动争议仲裁委员会按照统筹规划、合理布局和适应实际需要的原则设立。省、自治区人民政府可以决定在市、县设立；直辖市人民政府可以决定在区、县设立。直辖市、设区的市也可以设立一个或者若干个劳动争议仲裁委员会。劳动争议仲裁委员会不按行政区划层层设立。

第十八条 【制定仲裁规则及指导劳动争议仲裁工作】国务院劳动行政部门依照本法有关规定制定仲裁规则。省、自治区、直辖市人民政府劳动行政部门对本行政区域的劳动争议仲裁工作进行指导。

第十九条 【劳动争议仲裁委员会组成及职责】劳动争议仲裁委员会由劳动行政部门代表、工会代表和企业方面代表组成。劳动争议仲裁委员会组成人员应当是单数。

劳动争议仲裁委员会依法履行下列职责：

（一）聘任、解聘专职或者兼职仲裁员；

（二）受理劳动争议案件；

（三）讨论重大或者疑难的劳动争议案件；

（四）对仲裁活动进行监督。

劳动争议仲裁委员会下设办事机构，负责办理劳动争议仲裁委员会的日常工作。

**第二十条　【仲裁员资格条件】** 劳动争议仲裁委员会应当设仲裁员名册。

仲裁员应当公道正派并符合下列条件之一：

（一）曾任审判员的；

（二）从事法律研究、教学工作并具有中级以上职称的；

（三）具有法律知识、从事人力资源管理或者工会等专业工作满五年的；

（四）律师执业满三年的。

**第二十一条　【仲裁管辖】** 劳动争议仲裁委员会负责管辖本区域内发生的劳动争议。

劳动争议由劳动合同履行地或者用人单位所在地的劳动争议仲裁委员会管辖。双方当事人分别向劳动合同履行地和用人单位所在地的劳动争议仲裁委员会申请仲裁的，由劳动合同履行地的劳动争议仲裁委员会管辖。

**第二十二条　【仲裁案件当事人】** 发生劳动争议的劳动者和用人单位为劳动争议仲裁案件的双方当事人。

劳务派遣单位或者用工单位与劳动者发生劳动争议的，劳务派遣单位和用工单位为共同当事人。

**第二十三条　【仲裁案件第三人】** 与劳动争议案件的处理结果有利害关系的第三人，可以申请参加仲裁活动或者由劳动争议仲裁委员会通知其参加仲裁活动。

**第二十四条 【委托代理】**当事人可以委托代理人参加仲裁活动。委托他人参加仲裁活动，应当向劳动争议仲裁委员会提交有委托人签名或者盖章的委托书，委托书应当载明委托事项和权限。

**第二十五条 【法定代理和指定代理】**丧失或者部分丧失民事行为能力的劳动者，由其法定代理人代为参加仲裁活动；无法定代理人的，由劳动争议仲裁委员会为其指定代理人。劳动者死亡的，由其近亲属或者代理人参加仲裁活动。

**第二十六条 【仲裁公开】**劳动争议仲裁公开进行，但当事人协议不公开进行或者涉及国家秘密、商业秘密和个人隐私的除外。

### 第二节 申请和受理

**第二十七条 【仲裁时效】**劳动争议申请仲裁的时效期间为一年。仲裁时效期间从当事人知道或者应当知道其权利被侵害之日起计算。

前款规定的仲裁时效，因当事人一方向对方当事人主张权利，或者向有关部门请求权利救济，或者对方当事人同意履行义务而中断。从中断时起，仲裁时效期间重新计算。

因不可抗力或者有其他正当理由，当事人不能在本条第一款规定的仲裁时效期间申请仲裁的，仲裁时效中止。从中止时效的原因消除之日起，仲裁时效期间继续计算。

劳动关系存续期间因拖欠劳动报酬发生争议的，劳动者申请仲裁不受本条第一款规定的仲裁时效期间的限制；但是，劳动关系终止的，应当自劳动关系终止之日起一年内提出。

**第二十八条 【仲裁申请】**申请人申请仲裁应当提交书面仲裁申请，并按照被申请人人数提交副本。

仲裁申请书应当载明下列事项：

（一）劳动者的姓名、性别、年龄、职业、工作单位和住所，用人单位的名称、住所和法定代表人或者主要负责人的姓名、职务；

（二）仲裁请求和所根据的事实、理由；

（三）证据和证据来源、证人姓名和住所。

书写仲裁申请确有困难的，可以口头申请，由劳动争议仲裁委员会记入笔录，并告知对方当事人。

**第二十九条　【仲裁申请的受理和不予受理】**劳动争议仲裁委员会收到仲裁申请之日起五日内，认为符合受理条件的，应当受理，并通知申请人；认为不符合受理条件的，应当书面通知申请人不予受理，并说明理由。对劳动争议仲裁委员会不予受理或者逾期未作出决定的，申请人可以就该劳动争议事项向人民法院提起诉讼。

**第三十条　【仲裁申请送达与仲裁答辩书的提供】**劳动争议仲裁委员会受理仲裁申请后，应当在五日内将仲裁申请书副本送达被申请人。

被申请人收到仲裁申请书副本后，应当在十日内向劳动争议仲裁委员会提交答辩书。劳动争议仲裁委员会收到答辩书后，应当在五日内将答辩书副本送达申请人。被申请人未提交答辩书的，不影响仲裁程序的进行。

## 第三节　开庭和裁决

**第三十一条　【仲裁庭组成】**劳动争议仲裁委员会裁决劳动争议案件实行仲裁庭制。仲裁庭由三名仲裁员组成，设首席仲裁员。简单劳动争议案件可以由一名仲裁员独任仲裁。

**第三十二条　【书面通知仲裁庭组成情况】**劳动争议仲裁委员会应当在受理仲裁申请之日起五日内将仲裁庭的组成情况书面通知当事人。

第三十三条 【仲裁员回避】仲裁员有下列情形之一,应当回避,当事人也有权以口头或者书面方式提出回避申请:

（一）是本案当事人或者当事人、代理人的近亲属的；

（二）与本案有利害关系的；

（三）与本案当事人、代理人有其他关系,可能影响公正裁决的；

（四）私自会见当事人、代理人,或者接受当事人、代理人的请客送礼的。

劳动争议仲裁委员会对回避申请应当及时作出决定,并以口头或者书面方式通知当事人。

第三十四条 【仲裁员的法律责任】仲裁员有本法第三十三条第四项规定情形,或者有索贿受贿、徇私舞弊、枉法裁决行为的,应当依法承担法律责任。劳动争议仲裁委员会应当将其解聘。

第三十五条 【开庭通知与延期开庭】仲裁庭应当在开庭五日前,将开庭日期、地点书面通知双方当事人。当事人有正当理由的,可以在开庭三日前请求延期开庭。是否延期,由劳动争议仲裁委员会决定。

第三十六条 【视为撤回仲裁申请和缺席裁决】申请人收到书面通知,无正当理由拒不到庭或者未经仲裁庭同意中途退庭的,可以视为撤回仲裁申请。

被申请人收到书面通知,无正当理由拒不到庭或者未经仲裁庭同意中途退庭的,可以缺席裁决。

第三十七条 【鉴定】仲裁庭对专门性问题认为需要鉴定的,可以交由当事人约定的鉴定机构鉴定；当事人没有约定或者无法达成约定的,由仲裁庭指定的鉴定机构鉴定。

根据当事人的请求或者仲裁庭的要求,鉴定机构应当派鉴定人参加开庭。当事人经仲裁庭许可,可以向鉴定人提问。

**第三十八条** 【质证、辩论、陈述最后意见】当事人在仲裁过程中有权进行质证和辩论。质证和辩论终结时,首席仲裁员或者独任仲裁员应当征询当事人的最后意见。

**第三十九条** 【证据及举证责任】当事人提供的证据经查证属实的,仲裁庭应当将其作为认定事实的根据。

劳动者无法提供由用人单位掌握管理的与仲裁请求有关的证据,仲裁庭可以要求用人单位在指定期限内提供。用人单位在指定期限内不提供的,应当承担不利后果。

**第四十条** 【仲裁庭审笔录】仲裁庭应当将开庭情况记入笔录。当事人和其他仲裁参加人认为对自己陈述的记录有遗漏或者差错的,有权申请补正。如果不予补正,应当记录该申请。

笔录由仲裁员、记录人员、当事人和其他仲裁参加人签名或者盖章。

**第四十一条** 【当事人自行和解】当事人申请劳动争议仲裁后,可以自行和解。达成和解协议的,可以撤回仲裁申请。

**第四十二条** 【仲裁庭调解】仲裁庭在作出裁决前,应当先行调解。

调解达成协议的,仲裁庭应当制作调解书。

调解书应当写明仲裁请求和当事人协议的结果。调解书由仲裁员签名,加盖劳动争议仲裁委员会印章,送达双方当事人。调解书经双方当事人签收后,发生法律效力。

调解不成或者调解书送达前,一方当事人反悔的,仲裁庭应当及时作出裁决。

**第四十三条** 【仲裁审理时限及先行裁决】仲裁庭裁决劳动争议案件,应当自劳动争议仲裁委员会受理仲裁申请之日起四十五日内结束。案情复杂需要延期的,经劳动争议仲裁委员会主任批准,可以延期并书面通知当事人,但是延长期限不得超过十五日。逾期未作出仲裁裁决的,当事人可以就该劳动争议事项向人民法院提起诉讼。

仲裁庭裁决劳动争议案件时,其中一部分事实已经清楚,可以就该部分先行裁决。

第四十四条　【先予执行】仲裁庭对追索劳动报酬、工伤医疗费、经济补偿或者赔偿金的案件,根据当事人的申请,可以裁决先予执行,移送人民法院执行。

仲裁庭裁决先予执行的,应当符合下列条件:

(一)当事人之间权利义务关系明确;

(二)不先予执行将严重影响申请人的生活。

劳动者申请先予执行的,可以不提供担保。

第四十五条　【作出裁决】裁决应当按照多数仲裁员的意见作出,少数仲裁员的不同意见应当记入笔录。仲裁庭不能形成多数意见时,裁决应当按照首席仲裁员的意见作出。

第四十六条　【裁决书】裁决书应当载明仲裁请求、争议事实、裁决理由、裁决结果和裁决日期。裁决书由仲裁员签名,加盖劳动争议仲裁委员会印章。对裁决持不同意见的仲裁员,可以签名,也可以不签名。

第四十七条　【终局裁决】下列劳动争议,除本法另有规定的外,仲裁裁决为终局裁决,裁决书自作出之日起发生法律效力:

(一)追索劳动报酬、工伤医疗费、经济补偿或者赔偿金,不超过当地月最低工资标准十二个月金额的争议;

(二)因执行国家的劳动标准在工作时间、休息休假、社会保险等方面发生的争议。

第四十八条 【劳动者提起诉讼】劳动者对本法第四十七条规定的仲裁裁决不服的,可以自收到仲裁裁决书之日起十五日内向人民法院提起诉讼。

第四十九条 【用人单位申请撤销终局裁决】用人单位有证据证明本法第四十七条规定的仲裁裁决有下列情形之一,可以自收到仲裁裁决书之日起三十日内向劳动争议仲裁委员会所在地的中级人民法院申请撤销裁决:

(一)适用法律、法规确有错误的;
(二)劳动争议仲裁委员会无管辖权的;
(三)违反法定程序的;
(四)裁决所根据的证据是伪造的;
(五)对方当事人隐瞒了足以影响公正裁决的证据的;
(六)仲裁员在仲裁该案时有索贿受贿、徇私舞弊、枉法裁决行为的。

人民法院经组成合议庭审查核实裁决有前款规定情形之一的,应当裁定撤销。

仲裁裁决被人民法院裁定撤销的,当事人可以自收到裁定书之日起十五日内就该劳动争议事项向人民法院提起诉讼。

第五十条 【不服仲裁裁决提起诉讼】当事人对本法第四十七条规定以外的其他劳动争议案件的仲裁裁决不服的,可以自收到仲裁裁决书之日起十五日内向人民法院提起诉讼;期满不起诉的,裁决书发生法律效力。

第五十一条 【生效调解书、裁决书的执行】当事人对发生法律效力的调解书、裁决书,应当依照规定的期限履行。一方当事人逾期不履行的,另一方当事人可以依照民事诉讼法的有关规定向人民法院申请执行。受理申请的人民法院应当依法执行。

## 第四章 附 则

**第五十二条** 【事业单位劳动争议的处理】事业单位实行聘用制的工作人员与本单位发生劳动争议的，依照本法执行；法律、行政法规或者国务院另有规定的，依照其规定。

**第五十三条** 【仲裁不收费】劳动争议仲裁不收费。劳动争议仲裁委员会的经费由财政予以保障。

**第五十四条** 【生效时间】本法自2008年5月1日起施行。

# 社会保险费征缴暂行条例

（1999年1月22日国务院令第259号发布 根据2019年3月24日国务院令第710号《关于修改部分行政法规的决定》修订）

## 第一章 总 则

**第一条** 为了加强和规范社会保险费征缴工作，保障社会保险金的发放，制定本条例。

**第二条** 基本养老保险费、基本医疗保险费、失业保险费（以下统称社会保险费）的征收、缴纳，适用本条例。

本条例所称缴费单位、缴费个人，是指依照有关法律、行政法规和国务院的规定，应当缴纳社会保险费的单位和个人。

**第三条** 基本养老保险费的征缴范围：国有企业、城镇集体企业、外商投资企业、城镇私营企业和其他城镇企业及其职工，实行企业化管理的事业单位及其职工。

基本医疗保险费的征缴范围：国有企业、城镇集体企业、外商投资企业、城镇私营企业和其他城镇企业及其职工，国家机关及其工作人员，事业单位及其职工，民办非企业单位及其职工，社会团体及其专职人员。

失业保险费的征缴范围：国有企业、城镇集体企业、外商投资企业、城镇私营企业和其他城镇企业及其职工，事业单位及其职工。

省、自治区、直辖市人民政府根据当地实际情况，可以规定将城镇个体工商户纳入基本养老保险、基本医疗保险的范围，并可以规定将社会团体及其专职人员、民办非企业单位及其职工以及有雇工的城镇个体工商户及其雇工纳入失业保险的范围。

社会保险费的费基、费率依照有关法律、行政法规和国务院的规定执行。

第四条 缴费单位、缴费个人应当按时足额缴纳社会保险费。

征缴的社会保险费纳入社会保险基金，专款专用，任何单位和个人不得挪用。

第五条 国务院劳动保障行政部门负责全国的社会保险费征缴管理和监督检查工作。县级以上地方各级人民政府劳动保障行政部门负责本行政区域内的社会保险费征缴管理和监督检查工作。

第六条 社会保险费实行三项社会保险费集中、统一征收。社会保险费的征收机构由省、自治区、直辖市人民政府规定，可以由税务机关征收，也可以由劳动保障行政部门按照国务院规定设立的社会保险经办机构（以下简称社会保险经办机构）征收。

## 第二章 征缴管理

第七条 缴费单位必须向当地社会保险经办机构办理社会保险登记，参加社会保险。

登记事项包括：单位名称、住所、经营地点、单位类型、法定代表人或者负责人、开户银行账号以及国务院劳动保障行政部门规定的其他事项。

**第八条** 企业在办理登记注册时，同步办理社会保险登记。

前款规定以外的缴费单位应当自成立之日起 30 日内，向当地社会保险经办机构申请办理社会保险登记。

**第九条** 缴费单位的社会保险登记事项发生变更或者缴费单位依法终止的，应当自变更或者终止之日起 30 日内，到社会保险经办机构办理变更或者注销社会保险登记手续。

**第十条** 缴费单位必须按月向社会保险经办机构申报应缴纳的社会保险费数额，经社会保险经办机构核定后，在规定的期限内缴纳社会保险费。

缴费单位不按规定申报应缴纳的社会保险费数额的，由社会保险经办机构暂按该单位上月缴费数额的110%确定应缴数额；没有上月缴费数额的，由社会保险经办机构暂按该单位的经营状况、职工人数等有关情况确定应缴数额。缴费单位补办申报手续并按核定数额缴纳社会保险费后，由社会保险经办机构按照规定结算。

**第十一条** 省、自治区、直辖市人民政府规定由税务机关征收社会保险费的，社会保险经办机构应当及时向税务机关提供缴费单位社会保险登记、变更登记、注销登记以及缴费申报的情况。

**第十二条** 缴费单位和缴费个人应当以货币形式全额缴纳社会保险费。

缴费个人应当缴纳的社会保险费，由所在单位从其本人工资中代扣代缴。

社会保险费不得减免。

**第十三条** 缴费单位未按规定缴纳和代扣代缴社会保险费的，

由劳动保障行政部门或者税务机关责令限期缴纳；逾期仍不缴纳的，除补缴欠缴数额外，从欠缴之日起，按日加收2‰的滞纳金。滞纳金并入社会保险基金。

**第十四条** 征收的社会保险费存入财政部门在国有商业银行开设的社会保障基金财政专户。

社会保险基金按照不同险种的统筹范围，分别建立基本养老保险基金、基本医疗保险基金、失业保险基金。各项社会保险基金分别单独核算。

社会保险基金不计征税、费。

**第十五条** 省、自治区、直辖市人民政府规定由税务机关征收社会保险费的，税务机关应当及时向社会保险经办机构提供缴费单位和缴费个人的缴费情况；社会保险经办机构应当将有关情况汇总，报劳动保障行政部门。

**第十六条** 社会保险经办机构应当建立缴费记录，其中基本养老保险、基本医疗保险并应当按照规定记录个人账户。社会保险经办机构负责保存缴费记录，并保证其完整、安全。社会保险经办机构应当至少每年向缴费个人发送一次基本养老保险、基本医疗保险个人账户通知单。

缴费单位、缴费个人有权按照规定查询缴费记录。

## 第三章 监督检查

**第十七条** 缴费单位应当每年向本单位职工公布本单位全年社会保险费缴纳情况，接受职工监督。

社会保险经办机构应当定期向社会公告社会保险费征收情况，接受社会监督。

**第十八条** 按照省、自治区、直辖市人民政府关于社会保险费征缴机构的规定,劳动保障行政部门或者税务机关依法对单位缴费情况进行检查时,被检查的单位应当提供与缴纳社会保险费有关的用人情况、工资表、财务报表等资料,如实反映情况,不得拒绝检查,不得谎报、瞒报。劳动保障行政部门或者税务机关可以记录、录音、录像、照相和复制有关资料;但是,应当为缴费单位保密。

劳动保障行政部门、税务机关的工作人员在行使前款所列职权时,应当出示执行公务证件。

**第十九条** 劳动保障行政部门或者税务机关调查社会保险费征缴违法案件时,有关部门、单位应当给予支持、协助。

**第二十条** 社会保险经办机构受劳动保障行政部门的委托,可以进行与社会保险费征缴有关的检查、调查工作。

**第二十一条** 任何组织和个人对有关社会保险费征缴的违法行为,有权举报。劳动保障行政部门或者税务机关对举报应当及时调查,按照规定处理,并为举报人保密。

**第二十二条** 社会保险基金实行收支两条线管理,由财政部门依法进行监督。

审计部门依法对社会保险基金的收支情况进行监督。

## 第四章 罚 则

**第二十三条** 缴费单位未按照规定办理社会保险登记、变更登记或者注销登记,或者未按照规定申报应缴纳的社会保险费数额的,由劳动保障行政部门责令限期改正;情节严重的,对直接负责的主管人员和其他直接责任人员可以处1000元以上5000元以下的罚款;情节特别严重的,对直接负责的主管人员和其他直接责任人员可以处5000元以上10000元以下的罚款。

**第二十四条** 缴费单位违反有关财务、会计、统计的法律、行政法规和国家有关规定,伪造、变造、故意毁灭有关账册、材料,或者不设账册,致使社会保险费缴费基数无法确定的,除依照有关法律、行政法规的规定给予行政处罚、纪律处分、刑事处罚外,依照本条例第十条的规定征缴;迟延缴纳的,由劳动保障行政部门或者税务机关依照本条例第十三条的规定决定加收滞纳金,并对直接负责的主管人员和其他直接责任人员处5000元以上20000元以下的罚款。

**第二十五条** 缴费单位和缴费个人对劳动保障行政部门或者税务机关的处罚决定不服的,可以依法申请复议;对复议决定不服的,可以依法提起诉讼。

**第二十六条** 缴费单位逾期拒不缴纳社会保险费、滞纳金的,由劳动保障行政部门或者税务机关申请人民法院依法强制征缴。

**第二十七条** 劳动保障行政部门、社会保险经办机构或者税务机关的工作人员滥用职权、徇私舞弊、玩忽职守,致使社会保险费流失的,由劳动保障行政部门或者税务机关追回流失的社会保险费;构成犯罪的,依法追究刑事责任;尚不构成犯罪的,依法给予行政处分。

**第二十八条** 任何单位、个人挪用社会保险基金的,追回被挪用的社会保险基金;有违法所得的,没收违法所得,并入社会保险基金;构成犯罪的,依法追究刑事责任;尚不构成犯罪的,对直接负责的主管人员和其他直接责任人员依法给予行政处分。

## 第五章 附 则

**第二十九条** 省、自治区、直辖市人民政府根据本地实际情况,可以决定本条例适用于本行政区域内工伤保险费和生育保险费的征收、缴纳。

**第三十条** 税务机关、社会保险经办机构征收社会保险费,不得从社会保险基金中提取任何费用,所需经费列入预算,由财政拨付。

**第三十一条** 本条例自发布之日起施行。

# 工伤职工劳动能力鉴定管理办法

(2014年2月20日人力资源和社会保障部、国家卫生和计划生育委员会令第21号公布 根据2018年12月14日人力资源和社会保障部令第38号《关于修改部分规章的决定》修订)

## 第一章 总 则

**第一条** 为了加强劳动能力鉴定管理,规范劳动能力鉴定程序,根据《中华人民共和国社会保险法》、《中华人民共和国职业病防治法》和《工伤保险条例》,制定本办法。

**第二条** 劳动能力鉴定委员会依据《劳动能力鉴定 职工工伤与职业病致残等级》国家标准,对工伤职工劳动功能障碍程度和生活自理障碍程度组织进行技术性等级鉴定,适用本办法。

**第三条** 省、自治区、直辖市劳动能力鉴定委员会和设区的市级(含直辖市的市辖区、县,下同)劳动能力鉴定委员会分别由省、自治区、直辖市和设区的市级人力资源社会保障行政部门、卫生计生行政部门、工会组织、用人单位代表以及社会保险经办机构代表组成。

承担劳动能力鉴定委员会日常工作的机构,其设置方式由各地根据实际情况决定。

**第四条** 劳动能力鉴定委员会履行下列职责：

（一）选聘医疗卫生专家，组建医疗卫生专家库，对专家进行培训和管理；

（二）组织劳动能力鉴定；

（三）根据专家组的鉴定意见作出劳动能力鉴定结论；

（四）建立完整的鉴定数据库，保管鉴定工作档案50年；

（五）法律、法规、规章规定的其他职责。

**第五条** 设区的市级劳动能力鉴定委员会负责本辖区内的劳动能力初次鉴定、复查鉴定。

省、自治区、直辖市劳动能力鉴定委员会负责对初次鉴定或者复查鉴定结论不服提出的再次鉴定。

**第六条** 劳动能力鉴定相关政策、工作制度和业务流程应当向社会公开。

## 第二章 鉴定程序

**第七条** 职工发生工伤，经治疗伤情相对稳定后存在残疾、影响劳动能力的，或者停工留薪期满（含劳动能力鉴定委员会确认的延长期限），工伤职工或者其用人单位应当及时向设区的市级劳动能力鉴定委员会提出劳动能力鉴定申请。

**第八条** 申请劳动能力鉴定应当填写劳动能力鉴定申请表，并提交下列材料：

（一）《工伤认定决定书》原件；

（二）有效的诊断证明、按照医疗机构病历管理有关规定复印或者复制的检查、检验报告等完整病历材料；

（三）工伤职工的居民身份证或者社会保障卡等其他有效身份证明原件。

**第九条** 劳动能力鉴定委员会收到劳动能力鉴定申请后,应当及时对申请人提交的材料进行审核;申请人提供材料不完整的,劳动能力鉴定委员会应当自收到劳动能力鉴定申请之日起5个工作日内一次性书面告知申请人需要补正的全部材料。

申请人提供材料完整的,劳动能力鉴定委员会应当及时组织鉴定,并在收到劳动能力鉴定申请之日起60日内作出劳动能力鉴定结论。伤情复杂、涉及医疗卫生专业较多的,作出劳动能力鉴定结论的期限可以延长30日。

**第十条** 劳动能力鉴定委员会应当视伤情程度等从医疗卫生专家库中随机抽取3名或者5名与工伤职工伤情相关科别的专家组成专家组进行鉴定。

**第十一条** 劳动能力鉴定委员会应当提前通知工伤职工进行鉴定的时间、地点以及应当携带的材料。工伤职工应当按照通知的时间、地点参加现场鉴定。对行动不便的工伤职工,劳动能力鉴定委员会可以组织专家上门进行劳动能力鉴定。组织劳动能力鉴定的工作人员应当对工伤职工的身份进行核实。

工伤职工因故不能按时参加鉴定的,经劳动能力鉴定委员会同意,可以调整现场鉴定的时间,作出劳动能力鉴定结论的期限相应顺延。

**第十二条** 因鉴定工作需要,专家组提出应当进行有关检查和诊断的,劳动能力鉴定委员会可以委托具备资格的医疗机构协助进行有关的检查和诊断。

**第十三条** 专家组根据工伤职工伤情,结合医疗诊断情况,依据《劳动能力鉴定 职工工伤与职业病致残等级》国家标准提出鉴定意见。参加鉴定的专家都应当签署意见并签名。

专家意见不一致时,按照少数服从多数的原则确定专家组的鉴定意见。

**第十四条** 劳动能力鉴定委员会根据专家组的鉴定意见作出劳动能力鉴定结论。劳动能力鉴定结论书应当载明下列事项：

（一）工伤职工及其用人单位的基本信息；

（二）伤情介绍，包括伤残部位、器官功能障碍程度、诊断情况等；

（三）作出鉴定的依据；

（四）鉴定结论。

**第十五条** 劳动能力鉴定委员会应当自作出鉴定结论之日起20日内将劳动能力鉴定结论及时送达工伤职工及其用人单位，并抄送社会保险经办机构。

**第十六条** 工伤职工或者其用人单位对初次鉴定结论不服的，可以在收到该鉴定结论之日起15日内向省、自治区、直辖市劳动能力鉴定委员会申请再次鉴定。

申请再次鉴定，应当提供劳动能力鉴定申请表，以及工伤职工的居民身份证或者社会保障卡等有效身份证明原件。

省、自治区、直辖市劳动能力鉴定委员会作出的劳动能力鉴定结论为最终结论。

**第十七条** 自劳动能力鉴定结论作出之日起1年后，工伤职工、用人单位或者社会保险经办机构认为伤残情况发生变化的，可以向设区的市级劳动能力鉴定委员会申请劳动能力复查鉴定。

对复查鉴定结论不服的，可以按照本办法第十六条规定申请再次鉴定。

**第十八条** 工伤职工本人因身体等原因无法提出劳动能力初次鉴定、复查鉴定、再次鉴定申请的，可由其近亲属代为提出。

**第十九条** 再次鉴定和复查鉴定的程序、期限等按照本办法第九条至第十五条的规定执行。

## 第三章 监督管理

第二十条 劳动能力鉴定委员会应当每3年对专家库进行一次调整和补充，实行动态管理。确有需要的，可以根据实际情况适时调整。

第二十一条 劳动能力鉴定委员会选聘医疗卫生专家，聘期一般为3年，可以连续聘任。

聘任的专家应当具备下列条件：

（一）具有医疗卫生高级专业技术职务任职资格；

（二）掌握劳动能力鉴定的相关知识；

（三）具有良好的职业品德。

第二十二条 参加劳动能力鉴定的专家应当按照规定的时间、地点进行现场鉴定，严格执行劳动能力鉴定政策和标准，客观、公正地提出鉴定意见。

第二十三条 用人单位、工伤职工或者其近亲属应当如实提供鉴定需要的材料，遵守劳动能力鉴定相关规定，按照要求配合劳动能力鉴定工作。

工伤职工有下列情形之一的，当次鉴定终止：

（一）无正当理由不参加现场鉴定的；

（二）拒不参加劳动能力鉴定委员会安排的检查和诊断的。

第二十四条 医疗机构及其医务人员应当如实出具与劳动能力鉴定有关的各项诊断证明和病历材料。

第二十五条 劳动能力鉴定委员会组成人员、劳动能力鉴定工作人员以及参加鉴定的专家与当事人有利害关系的，应当回避。

第二十六条 任何组织或者个人有权对劳动能力鉴定中的违法

行为进行举报、投诉。

## 第四章 法律责任

**第二十七条** 劳动能力鉴定委员会和承担劳动能力鉴定委员会日常工作的机构及其工作人员在从事或者组织劳动能力鉴定时,有下列行为之一的,由人力资源社会保障行政部门或者有关部门责令改正,对直接负责的主管人员和其他直接责任人员依法给予相应处分;构成犯罪的,依法追究刑事责任:

(一)未及时审核并书面告知申请人需要补正的全部材料的;

(二)未在规定期限内作出劳动能力鉴定结论的;

(三)未按照规定及时送达劳动能力鉴定结论的;

(四)未按照规定随机抽取相关科别专家进行鉴定的;

(五)擅自篡改劳动能力鉴定委员会作出的鉴定结论的;

(六)利用职务之便非法收受当事人财物的;

(七)有违反法律法规和本办法的其他行为的。

**第二十八条** 从事劳动能力鉴定的专家有下列行为之一的,劳动能力鉴定委员会应当予以解聘;情节严重的,由卫生计生行政部门依法处理:

(一)提供虚假鉴定意见的;

(二)利用职务之便非法收受当事人财物的;

(三)无正当理由不履行职责的;

(四)有违反法律法规和本办法的其他行为的。

**第二十九条** 参与工伤救治、检查、诊断等活动的医疗机构及其医务人员有下列情形之一的,由卫生计生行政部门依法处理:

(一)提供与病情不符的虚假诊断证明的;

(二)篡改、伪造、隐匿、销毁病历材料的;

(三) 无正当理由不履行职责的。

第三十条 以欺诈、伪造证明材料或者其他手段骗取鉴定结论、领取工伤保险待遇的，按照《中华人民共和国社会保险法》第八十八条的规定，由人力资源社会保障行政部门责令退回骗取的社会保险金，处骗取金额2倍以上5倍以下的罚款。

## 第五章 附　则

第三十一条 未参加工伤保险的公务员和参照公务员法管理的事业单位、社会团体工作人员因工（公）致残的劳动能力鉴定，参照本办法执行。

第三十二条 本办法中的劳动能力鉴定申请表、初次（复查）鉴定结论书、再次鉴定结论书、劳动能力鉴定材料收讫补正告知书等文书基本样式由人力资源社会保障部制定。

第三十三条 本办法自2014年4月1日起施行。

# 社会保险基金先行支付暂行办法

（2011年6月29日人力资源和社会保障部令第15号公布　根据2018年12月14日人力资源和社会保障部令第38号《关于修改部分规章的决定》修订）

第一条 为了维护公民的社会保险合法权益，规范社会保险基金先行支付管理，根据《中华人民共和国社会保险法》（以下简称社会保险法）和《工伤保险条例》，制定本办法。

第二条 参加基本医疗保险的职工或者居民（以下简称个人）

由于第三人的侵权行为造成伤病的,其医疗费用应当由第三人按照确定的责任大小依法承担。超过第三人责任部分的医疗费用,由基本医疗保险基金按照国家规定支付。

前款规定中应当由第三人支付的医疗费用,第三人不支付或者无法确定第三人的,在医疗费用结算时,个人可以向参保地社会保险经办机构书面申请基本医疗保险基金先行支付,并告知造成其伤病的原因和第三人不支付医疗费用或者无法确定第三人的情况。

**第三条** 社会保险经办机构接到个人根据第二条规定提出的申请后,经审核确定其参加基本医疗保险的,应当按照统筹地区基本医疗保险基金支付的规定先行支付相应部分的医疗费用。

**第四条** 个人由于第三人的侵权行为造成伤病被认定为工伤,第三人不支付工伤医疗费用或者无法确定第三人的,个人或者其近亲属可以向社会保险经办机构书面申请工伤保险基金先行支付,并告知第三人不支付或者无法确定第三人的情况。

**第五条** 社会保险经办机构接到个人根据第四条规定提出的申请后,应当审查个人获得基本医疗保险基金先行支付和其所在单位缴纳工伤保险费等情况,并按照下列情形分别处理:

(一)对于个人所在用人单位已经依法缴纳工伤保险费,且在认定工伤之前基本医疗保险基金有先行支付的,社会保险经办机构应当按照工伤保险有关规定,用工伤保险基金先行支付超出基本医疗保险基金先行支付部分的医疗费用,并向基本医疗保险基金退还先行支付的费用;

(二)对于个人所在用人单位已经依法缴纳工伤保险费,在认定工伤之前基本医疗保险基金无先行支付的,社会保险经办机构应当用工伤保险基金先行支付工伤医疗费用;

(三)对于个人所在用人单位未依法缴纳工伤保险费,且在认定工伤之前基本医疗保险基金有先行支付的,社会保险经办机构应当在3个工作日内向用人单位发出书面催告通知,要求用人单位在5个工作日内依法支付超出基本医疗保险基金先行支付部分的医疗费用,并向基本医疗保险基金偿还先行支付的医疗费用。用人单位在规定时间内不支付其余部分医疗费用的,社会保险经办机构应当用工伤保险基金先行支付;

(四)对于个人所在用人单位未依法缴纳工伤保险费,在认定工伤之前基本医疗保险基金无先行支付的,社会保险经办机构应当在3个工作日向用人单位发出书面催告通知,要求用人单位在5个工作日内依法支付全部工伤医疗费用;用人单位在规定时间内不支付的,社会保险经办机构应当用工伤保险基金先行支付。

第六条 职工所在用人单位未依法缴纳工伤保险费,发生工伤事故的,用人单位应当采取措施及时救治,并按照规定的工伤保险待遇项目和标准支付费用。

职工被认定为工伤后,有下列情形之一的,职工或者其近亲属可以持工伤认定决定书和有关材料向社会保险经办机构书面申请先行支付工伤保险待遇:

(一)用人单位被依法吊销营业执照或者撤销登记、备案的;

(二)用人单位拒绝支付全部或者部分费用的;

(三)依法经仲裁、诉讼后仍不能获得工伤保险待遇,法院出具中止执行文书的;

(四)职工认为用人单位不支付的其他情形。

第七条 社会保险经办机构收到职工或者其近亲属根据第六条规定提出的申请后,应当在3个工作日内向用人单位发出书面催告通知,要求其在5个工作日内予以核实并依法支付工伤保险待遇,告知其如在规定期限内不按时足额支付的,工伤保险基金在按照规定先行支付后，取得要求其偿还的权利。

**第八条** 用人单位未按照第七条规定按时足额支付的，社会保险经办机构应当按照社会保险法和《工伤保险条例》的规定，先行支付工伤保险待遇项目中应当由工伤保险基金支付的项目。

**第九条** 个人或者其近亲属提出先行支付医疗费用、工伤医疗费用或者工伤保险待遇申请，社会保险经办机构经审核不符合先行支付条件的，应当在收到申请后5个工作日内作出不予先行支付的决定，并书面通知申请人。

**第十条** 个人申请先行支付医疗费用、工伤医疗费用或者工伤保险待遇的，应当提交所有医疗诊断、鉴定等费用的原始票据等证据。社会保险经办机构应当保留所有原始票据等证据，要求申请人在先行支付凭据上签字确认，凭原始票据等证据先行支付医疗费用、工伤医疗费用或者工伤保险待遇。

个人因向第三人或者用人单位请求赔偿需要医疗费用、工伤医疗费用或者工伤保险待遇的原始票据等证据的，可以向社会保险经办机构索取复印件，并将第三人或者用人单位赔偿情况及时告知社会保险经办机构。

**第十一条** 个人已经从第三人或者用人单位处获得医疗费用、工伤医疗费用或者工伤保险待遇的，应当主动将先行支付金额中应当由第三人承担的部分或者工伤保险基金先行支付的工伤保险待遇退还给基本医疗保险基金或者工伤保险基金，社会保险经办机构不再向第三人或者用人单位追偿。

个人拒不退还的，社会保险经办机构可以从以后支付的相关待遇中扣减其应当退还的数额，或者向人民法院提起诉讼。

**第十二条** 社会保险经办机构按照本办法第三条规定先行支付医疗费用或者按照第五条第一项、第二项规定先行支付工伤医疗费用后，有关部门确定了第三人责任的，应当要求第三人按照确定的责任大小依法偿还先行支付数额中的相应部分。第三人逾期不偿还的，社会保险经办机构应当依法向人民法院提起诉讼。

**第十三条** 社会保险经办机构按照本办法第五条第三项、第四项和第六条、第七条、第八条的规定先行支付工伤保险待遇后，应当责令用人单位在 10 日内偿还。

用人单位逾期不偿还的，社会保险经办机构可以按照社会保险法第六十三条的规定，向银行和其他金融机构查询其存款账户，申请县级以上社会保险行政部门作出划拨应偿还款项的决定，并书面通知用人单位开户银行或者其他金融机构划拨其应当偿还的数额。

用人单位账户余额少于应当偿还数额的，社会保险经办机构可以要求其提供担保，签订延期还款协议。

用人单位未按时足额偿还且未提供担保的，社会保险经办机构可以申请人民法院扣押、查封、拍卖其价值相当于应当偿还数额的财产，以拍卖所得偿还所欠数额。

**第十四条** 社会保险经办机构向用人单位追偿工伤保险待遇发生的合理费用以及用人单位逾期偿还部分的利息损失等，应当由用人单位承担。

**第十五条** 用人单位不支付依法应当由其支付的工伤保险待遇项目的，职工可以依法申请仲裁、提起诉讼。

**第十六条** 个人隐瞒已经从第三人或者用人单位处获得医疗费用、工伤医疗费用或者工伤保险待遇，向社会保险经办机构申请并获得社会保险基金先行支付的，按照社会保险法第八十八条的规定处理。

**第十七条** 用人单位对社会保险经办机构作出先行支付的追偿决定不服或者对社会保险行政部门作出的划拨决定不服的，可以依法申请行政复议或者提起行政诉讼。

个人或者其近亲属对社会保险经办机构作出不予先行支付的决定不服或者对先行支付的数额不服的,可以依法申请行政复议或者提起行政诉讼。

**第十八条** 本办法自 2011 年 7 月 1 日起施行。

## 非法用工单位伤亡人员一次性赔偿办法

(2010 年 12 月 31 日人力资源和社会保障部令第 9 号公布
自 2011 年 1 月 1 日起施行)

**第一条** 根据《工伤保险条例》第六十六条第一款的授权,制定本办法。

**第二条** 本办法所称非法用工单位伤亡人员,是指无营业执照或者未经依法登记、备案的单位以及被依法吊销营业执照或者撤销登记、备案的单位受到事故伤害或者患职业病的职工,或者用人单位使用童工造成的伤残、死亡童工。

前款所列单位必须按照本办法的规定向伤残职工或者死亡职工的近亲属、伤残童工或者死亡童工的近亲属给予一次性赔偿。

**第三条** 一次性赔偿包括受到事故伤害或者患职业病的职工或童工在治疗期间的费用和一次性赔偿金。一次性赔偿金数额应当在受到事故伤害或者患职业病的职工或童工死亡或者经劳动能力鉴定后确定。

劳动能力鉴定按照属地原则由单位所在地设区的市级劳动能力鉴定委员会办理。劳动能力鉴定费用由伤亡职工或童工所在单位支付。

**第四条** 职工或童工受到事故伤害或者患职业病,在劳动能力鉴定之前进行治疗期间的生活费按照统筹地区上年度职工月平均工资标准确定,医疗费、护理费、住院期间的伙食补助费以及所需的交通费等费用按照《工伤保险条例》规定的标准和范围确定,并全部由伤残职工或童工所在单位支付。

**第五条** 一次性赔偿金按照以下标准支付:

一级伤残的为赔偿基数的16倍,二级伤残的为赔偿基数的14倍,三级伤残的为赔偿基数的12倍,四级伤残的为赔偿基数的10倍,五级伤残的为赔偿基数的8倍,六级伤残的为赔偿基数的6倍,七级伤残的为赔偿基数的4倍,八级伤残的为赔偿基数的3倍,九级伤残的为赔偿基数的2倍,十级伤残的为赔偿基数的1倍。

前款所称赔偿基数,是指单位所在工伤保险统筹地区上年度职工年平均工资。

**第六条** 受到事故伤害或者患职业病造成死亡的,按照上一年度全国城镇居民人均可支配收入的20倍支付一次性赔偿金,并按照上一年度全国城镇居民人均可支配收入的10倍一次性支付丧葬补助等其他赔偿金。

**第七条** 单位拒不支付一次性赔偿的,伤残职工或者死亡职工的近亲属、伤残童工或者死亡童工的近亲属可以向人力资源和社会保障行政部门举报。经查证属实的,人力资源和社会保障行政部门应当责令该单位限期改正。

**第八条** 伤残职工或者死亡职工的近亲属、伤残童工或者死亡童工的近亲属就赔偿数额与单位发生争议的,按照劳动争议处理的有关规定处理。

**第九条** 本办法自2011年1月1日起施行。劳动和社会保障部

2003年9月23日颁布的《非法用工单位伤亡人员一次性赔偿办法》同时废止。

# 社会保险行政争议处理办法

(2001年5月27日劳动和社会保障部令第13号公布施行)

**第一条** 为妥善处理社会保险行政争议,维护公民、法人和其他组织的合法权益,保障和监督社会保险经办机构(以下简称经办机构)依法行使职权,根据劳动法、行政复议法及有关法律、行政法规,制定本办法。

**第二条** 本办法所称的社会保险行政争议,是指经办机构在依照法律、法规及有关规定经办社会保险事务过程中,与公民、法人或者其他组织之间发生的争议。

本办法所称的经办机构,是指法律、法规授权的劳动保障行政部门所属的专门办理养老保险、医疗保险、失业保险、工伤保险、生育保险等社会保险事务的工作机构。

**第三条** 公民、法人或者其他组织认为经办机构的具体行政行为侵犯其合法权益,向经办机构或者劳动保障行政部门申请社会保险行政争议处理,经办机构或者劳动保障行政部门处理社会保险行政争议适用本办法。

**第四条** 经办机构和劳动保障行政部门的法制工作机构或者负责法制工作的机构为本单位的社会保险行政争议处理机构(以下简称保险争议处理机构),具体负责社会保险行政争议的处理工作。

**第五条** 经办机构和劳动保障行政部门分别采用复查和行政复

议的方式处理社会保险行政争议。

**第六条** 有下列情形之一的，公民、法人或者其他组织可以申请行政复议：

（一）认为经办机构未依法为其办理社会保险登记、变更或者注销手续的；

（二）认为经办机构未按规定审核社会保险缴费基数的；

（三）认为经办机构未按规定记录社会保险费缴费情况或者拒绝其查询缴费记录的；

（四）认为经办机构违法收取费用或者违法要求履行义务的；

（五）对经办机构核定其社会保险待遇标准有异议的；

（六）认为经办机构不依法支付其社会保险待遇或者对经办机构停止其享受社会保险待遇有异议的；

（七）认为经办机构未依法为其调整社会保险待遇的；

（八）认为经办机构未依法为其办理社会保险关系转移或者接续手续的；

（九）认为经办机构的其他具体行政行为侵犯其合法权益的。

属于前款第（二）、（五）、（六）、（七）项情形之一的，公民、法人或者其他组织可以直接向劳动保障行政部门申请行政复议，也可以先向作出该具体行政行为的经办机构申请复查，对复查决定不服，再向劳动保障行政部门申请行政复议。

**第七条** 公民、法人或者其他组织认为经办机构的具体行政行为所依据的除法律、法规、规章和国务院文件以外的其他规范性文件不合法，在对具体行政行为申请行政复议时，可以向劳动保障行政部门一并提出对该规范性文件的审查申请。

**第八条** 公民、法人或者其他组织对经办机构作出的具体行政行为不服，可以向直接管理该经办机构的劳动保障行政部门申请行政复议。

**第九条** 申请人认为经办机构的具体行政行为侵犯其合法权益的，可以自知道该具体行政行为之日起 60 日内向经办机构申请复查或者向劳动保障行政部门申请行政复议。

申请人与经办机构之间发生的属于人民法院受案范围的行政案件，申请人也可以依法直接向人民法院提起行政诉讼。

**第十条** 经办机构作出具体行政行为时，未告知申请人有权申请行政复议或者行政复议申请期限的；行政复议申请期限从申请人知道行政复议权或者行政复议申请期限之日起计算，但最长不得超过二年。

因不可抗力或者其他正当理由耽误法定申请期限的，申请期限自障碍消除之日起继续计算。

**第十一条** 申请人向经办机构申请复查或者向劳动保障行政部门申请行政复议，一般应当以书面形式提出，也可以口头提出。口头提出的，接到申请的保险争议处理机构应当当场记录申请人的基本情况、请求事项、主要事实和理由、申请时间等事项，并由申请人签字或者盖章。

劳动保障行政部门的其他工作机构接到以书面形式提出的行政复议申请的，应当立即转送本部门的保险争议处理机构。

**第十二条** 申请人向作出该具体行政行为的经办机构申请复查的，该经办机构应指定其内部专门机构负责处理，并应当自接到复查申请之日起 20 日内作出维持或者改变该具体行政行为的复查决定。决定改变的，应当重新作出新的具体行政行为。

经办机构作出的复查决定应当采用书面形式。

**第十三条** 申请人对经办机构的复查决定不服，或者经办机构逾期未作出复查决定的，申请人可以向直接管理该经办机构的劳动保障行政部门申请行政复议。

申请人在经办机构复查该具体行政行为期间,向劳动保障行政部门申请行政复议的,经办机构的复查程序终止。

**第十四条** 经办机构复查期间,行政复议的申请期限中止,复查期限不计入行政复议申请期限。

**第十五条** 劳动保障行政部门的保险争议处理机构接到行政复议申请后,应当注明收到日期,并在5个工作日内进行审查,由劳动保障行政部门按照下列情况分别作出决定:

(一)对符合法定受理条件,但不属于本行政机关受理范围的,应当告知申请人向有关机关提出;

(二)对不符合法定受理条件的,应当作出不予受理决定,并制作行政复议不予受理决定书,送达申请人。该决定书中应当说明不予受理的理由。

除前款规定外,行政复议申请自劳动保障行政部门的保险争议处理机构收到之日起即为受理,并制作行政复议受理通知书,送达申请人和被申请人。该通知中应当告知受理日期。

本条规定的期限,从劳动保障行政部门的保险争议处理机构收到行政复议申请之日起计算;因行政复议申请书的主要内容欠缺致使劳动保障行政部门难以作出决定而要求申请人补正有关材料的,从保险争议处理机构收到补正材料之日起计算。

**第十六条** 经办机构作出具体行政行为时,没有制作或者没有送达行政文书,申请人不服提起行政复议的,只要能证明具体行政行为存在,劳动保障行政部门应当依法受理。

**第十七条** 申请人认为劳动保障行政部门无正当理由不受理其行政复议申请的,可以向上级劳动保障行政部门申诉,上级劳动保障行政部门在审查后,作出以下处理决定:

（一）申请人提出的行政复议申请符合法定受理条件的，应当责令下级劳动保障行政部门予以受理；其中申请人不服的具体行政行为是依据劳动保障法律、法规、部门规章、本级以上人民政府制定的规章或者本行政机关制定的规范性文件作出的，或者上级劳动保障行政部门认为有必要直接受理的，可以直接受理；

（二）上级劳动保障行政部门认为下级劳动保障行政部门不予受理行为确属有正当理由，应当将审查结论告知申请人。

**第十八条** 劳动保障行政部门的保险争议处理机构对已受理的社会保险行政争议案件，应当自收到申请之日起7个工作日内，将申请书副本或者申请笔录复印件和行政复议受理通知书送达被申请人。

**第十九条** 被申请人应当自接到行政复议申请书副本或者申请笔录复印件之日起10日内，提交答辩书，并提交作出该具体行政行为的证据、所依据的法律规范及其他有关材料。

被申请人不提供或者无正当理由逾期提供的，视为该具体行政行为没有证据、依据。

**第二十条** 申请人可以依法查阅被申请人提出的书面答辩、作出具体行政行为的证据、依据和其他有关材料。

**第二十一条** 劳动保障行政部门处理社会保险行政争议案件，原则上采用书面审查方式。必要时，可以向有关单位和个人调查了解情况，听取申请人、被申请人和有关人员的意见，并制作笔录。

**第二十二条** 劳动保障行政部门处理社会保险行政争议案件，以法律、法规、规章和依法制定的其他规范性文件为依据。

**第二十三条** 劳动保障行政部门在依法向有关部门请示行政复议过程中所遇到的问题应当如何处理期间，行政复议中止。

**第二十四条** 劳动保障行政部门在审查申请人一并提出的作出

具体行政行为所依据的有关规定的合法性时，应当根据具体情况，分别作出以下处理：

（一）该规定是由本行政机关制定的，应当在30日内对该规定依法作出处理结论；

（二）该规定是由本行政机关以外的劳动保障行政部门制定的，应当在7个工作日内将有关材料直接移送制定该规定的劳动保障行政部门，请其在60日内依法作出处理结论，并将处理结论告知移送的劳动保障行政部门；

（三）该规定是由政府及其他工作部门制定的，应当在7个工作日内按照法定程序转送有权处理的国家机关依法处理。

审查该规定期间，行政复议中止，劳动保障行政部门应将有关中止情况通知申请人和被申请人。

第二十五条　行政复议中止的情形结束后，劳动保障行政部门应当继续对该具体行政行为进行审查，并将恢复行政复议审查的时间通知申请人和被申请人。

第二十六条　申请人向劳动保障行政部门提出行政复议申请后，在劳动保障行政部门作出处理决定之前，撤回行政复议申请的，经说明理由，劳动保障行政部门可以终止审理，并将有关情况记录在案。

第二十七条　劳动保障行政部门行政复议期间，被申请人变更或者撤销原具体行政行为的，应当书面告知劳动保障行政部门和申请人。劳动保障行政部门可以终止对原具体行政行为的审查，并书面告知申请人和被申请人。

申请人对被申请人变更或者重新作出的具体行政行为不服，向劳动保障行政部门提出行政复议申请的，劳动保障行政部门应当受理。

第二十八条 劳动保障行政部门的保险争议处理机构应当对其组织审理的社会保险行政争议案件提出处理建议，经本行政机关负责人审查同意或者重大案件经本行政机关集体讨论决定后，由本行政机关依法作出行政复议决定。

第二十九条 劳动保障行政部门作出行政复议决定，应当制作行政复议决定书。行政复议决定书应当载明下列事项：

（一）申请人的姓名、性别、年龄、工作单位、住址（法人或者其他组织的名称、地址、法定代表人的姓名、职务）；

（二）被申请人的名称、地址、法定代表人的姓名、职务；

（三）申请人的复议请求和理由；

（四）被申请人的答辩意见；

（五）劳动保障行政部门认定的事实、理由，适用的法律、法规、规章和依法制定的其他规范性文件；

（六）复议结论；

（七）申请人不服复议决定向人民法院起诉的期限；

（八）作出复议决定的年、月、日。

行政复议决定书应当加盖本行政机关的印章。

第三十条 经办机构和劳动保障行政部门应当依照民事诉讼法有关送达的规定，将复查决定和行政复议文书送达申请人和被申请人。

第三十一条 申请人对劳动保障行政部门作出的行政复议决定不服的，可以依法向人民法院提起行政诉讼。

第三十二条 经办机构必须执行生效的行政复议决定书。拒不执行或者故意拖延不执行的，由直接主管该经办机构的劳动保障行政部门责令其限期履行，并按照人事管理权限对直接负责的主管人员给予行政处分，或者建议经办机构对有关人员给予行政处分。

**第三十三条** 经办机构或者劳动保障行政部门审查社会保险行政争议案件,不得向申请人收取任何费用。

行政复议活动所需经费,由本单位的行政经费予以保障。

**第三十四条** 本办法自发布之日起施行。